AF580258

ROBERTO FANARI
IL CIELO RITROVATO

a cura di / edited by
Raffaella Resch

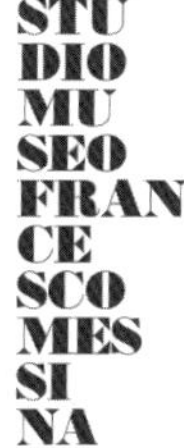

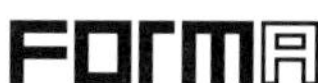

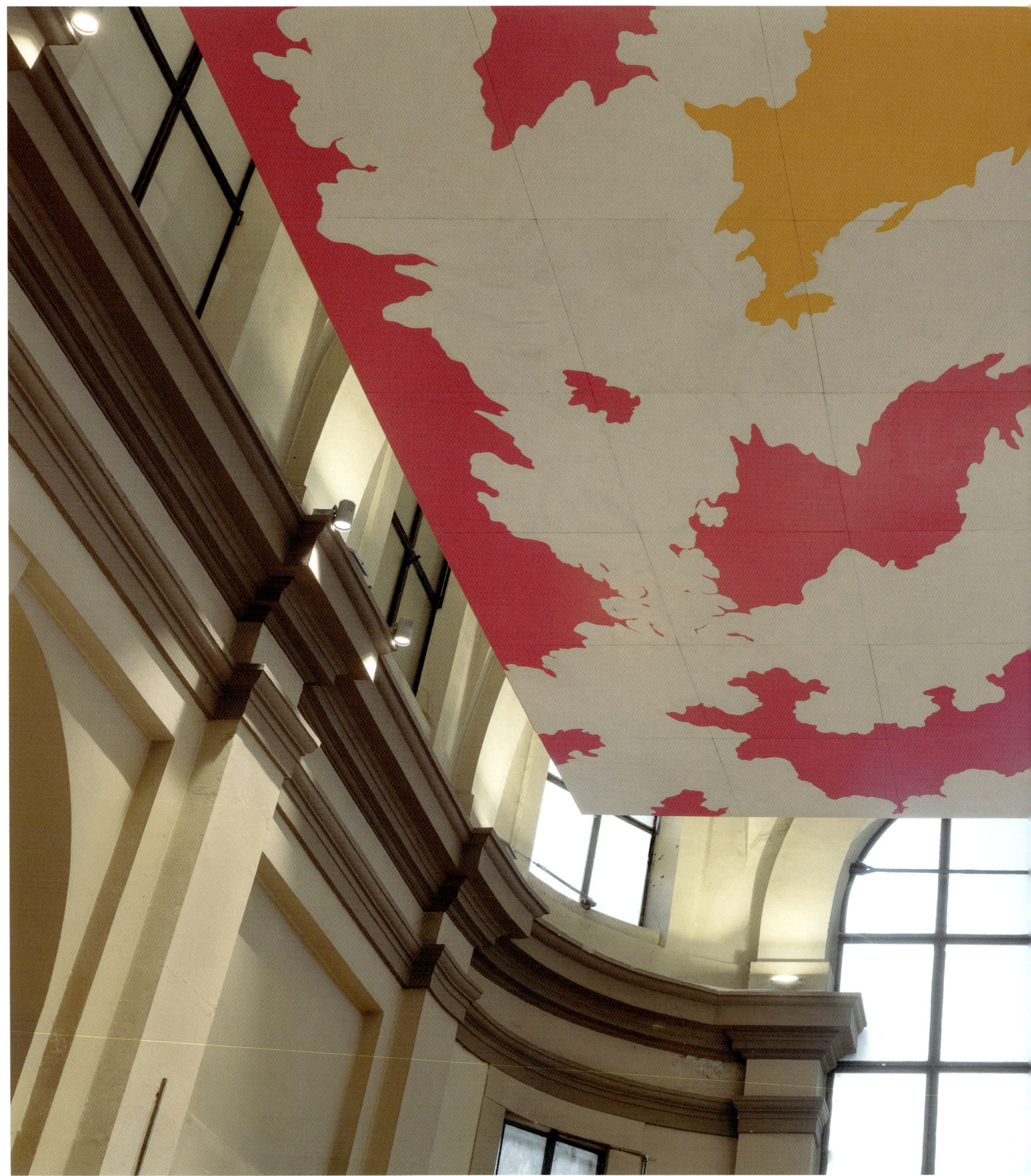

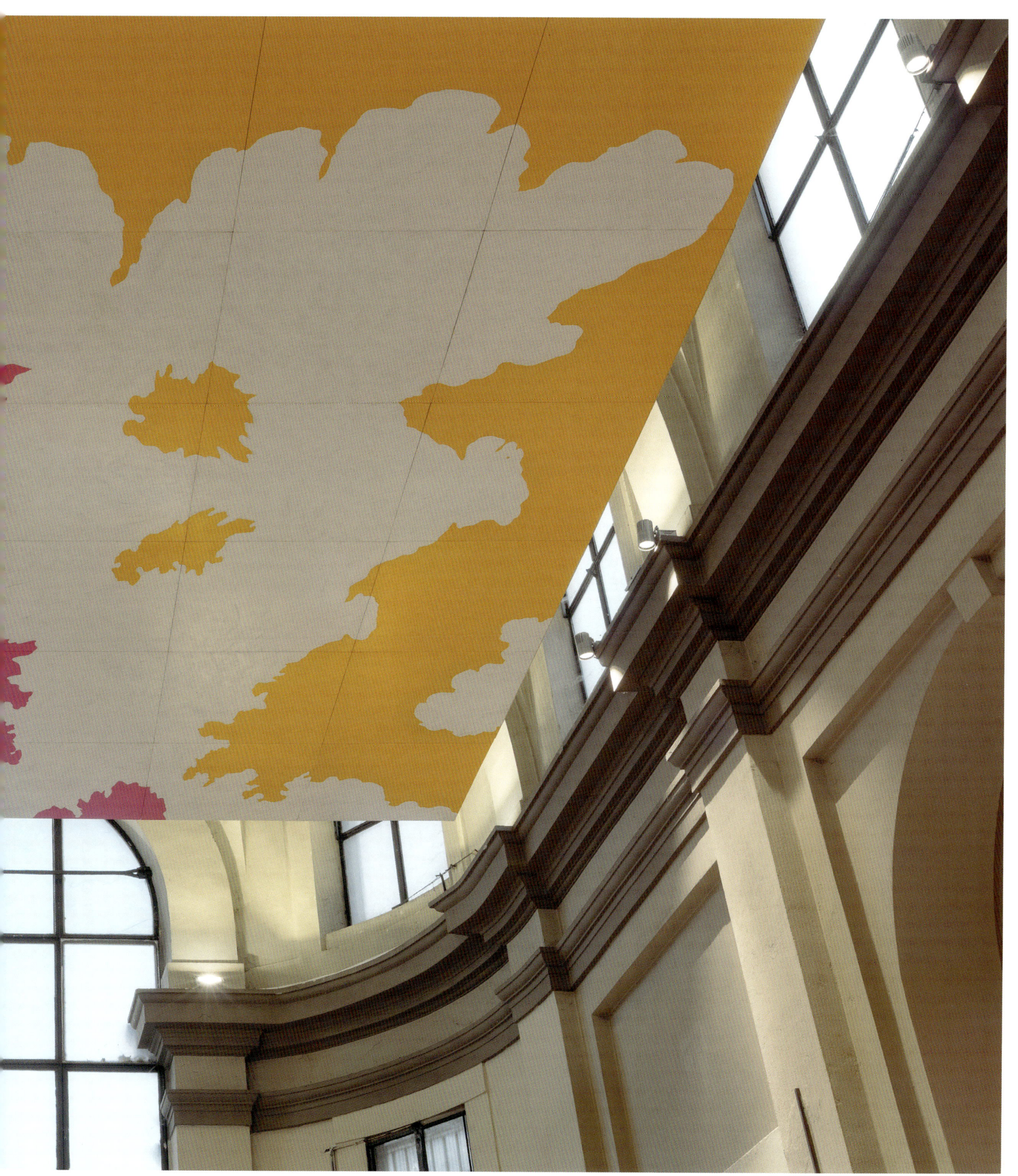

PROGETTO EDITORIALE
EDITORIAL PROJECT
Forma Edizioni srl
Florence, Italy
redazione@formaedizioni.it
www.formaedizioni.it

DIRETTORE EDITORIALE
EDITORIAL DIRECTOR
Laura Andreini

CONSULENTE EDITORIALE
EDITORIAL CONSULTANT
Riccardo Bruscagli

REDAZIONE
EDITORIAL STAFF
Maria Giulia Caliri
Livia D'Aliasi

PROGETTAZIONE GRAFICA
GRAPHIC DESIGN
Elisa Balducci
Veronica Gardinali
Isabella Peruzzi
Mauro Sampaolesi

TRADUZIONI
TRANSLATIONS
Patricia Brigid Garvin

Prima edizione: settembre 2019

First edition: September 2019

pp. 6-7
Cielo Improvviso / Sudden Sky

Stampa Inkjet su carta Hahnemühle 300 gr
Inkjet Print on Hahnemühlepaper 300 gr

ROBERTO FANARI
IL CIELO RITROVATO

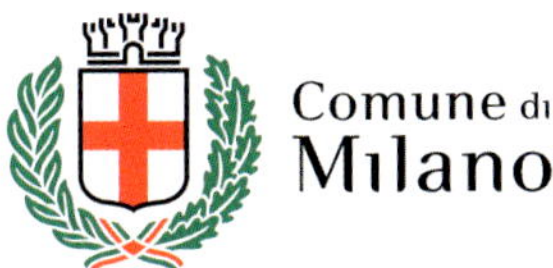

STU
DIO
MU
SEO
FRAN
CE
SCO
MES
SI
NA

MILANO,
STUDIO MUSEO
FRANCESCO
MESSINA
16 LUGLIO -
27 OTTOBRE 2019

SINDACO
MAYOR
Giuseppe Sala

ASSESSORE
ALLA CULTURA
COUNCILLOR
FOR CULTURE
Filippo Del Corno

DIRETTORE CULTURA
DIRECTOR OF CULTURE
Marco Edoardo Minoja

DIRIGENTE
UNITÀ CASE
MUSEO E
PROGETTI SPECIALI
MANAGER OF THE
HOUSE-MUSEUM
AND SPECIAL
PROJECTS UNIT
Maria Fratelli

UFFICIO STAMPA
PRESS OFFICE
Elena Maria Conenna

DIRETTORE
DIRECTOR
Maria Fratelli

CONSERVATORE
CONSERVATOR
Chiara Fabi

CONSERVATORIA
E COORDINAMENTO
CONSERVATOR AND
COORDINATION SERVICE
Cristina Filippi

AMMINISTRAZIONE
ADMINISTRATION
Anna Di Benedetto,
Adriana Ferrante

SEGRETERIA
SECRETARY'S OFFICE
Maria Caterina Donato

COMUNICAZIONE
COMMUNICATION
Rossella Molaschi,
Bruno Casiraghi

MOSTRA A CURA DI
EXHIBITION CURATED BY
Raffaella Resch

TESTI
TEXTS
Maria Fratelli,
Raffaella Resch,
Alessandro Romanini,
Michelangelo Consani

CATALOGO
CATALOGUE
Forma Edizioni

UFFICIO STAMPA
PRESS OFFICE
Alessandra Pozzi

ALLESTIMENTO
EXHIBITION SET UP
Falegnameria
Poggio, Milano:
Massimo Poggio,
Alberto Persico,
Tiziano Paolati,
Manuel Fonti

FOTOGRAFIE
PHOTOS
Enrico Amici

UN RINGRAZIAMENTO
PARTICOLARE A
SPECIAL THANKS TO
Massimo Antonicelli

Si ringrazia il / thanks to the
Corpo di Guardia

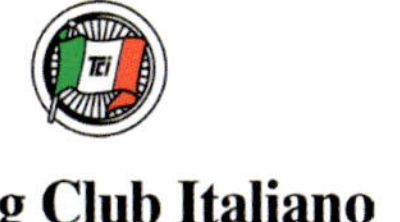

Touring Club Italiano

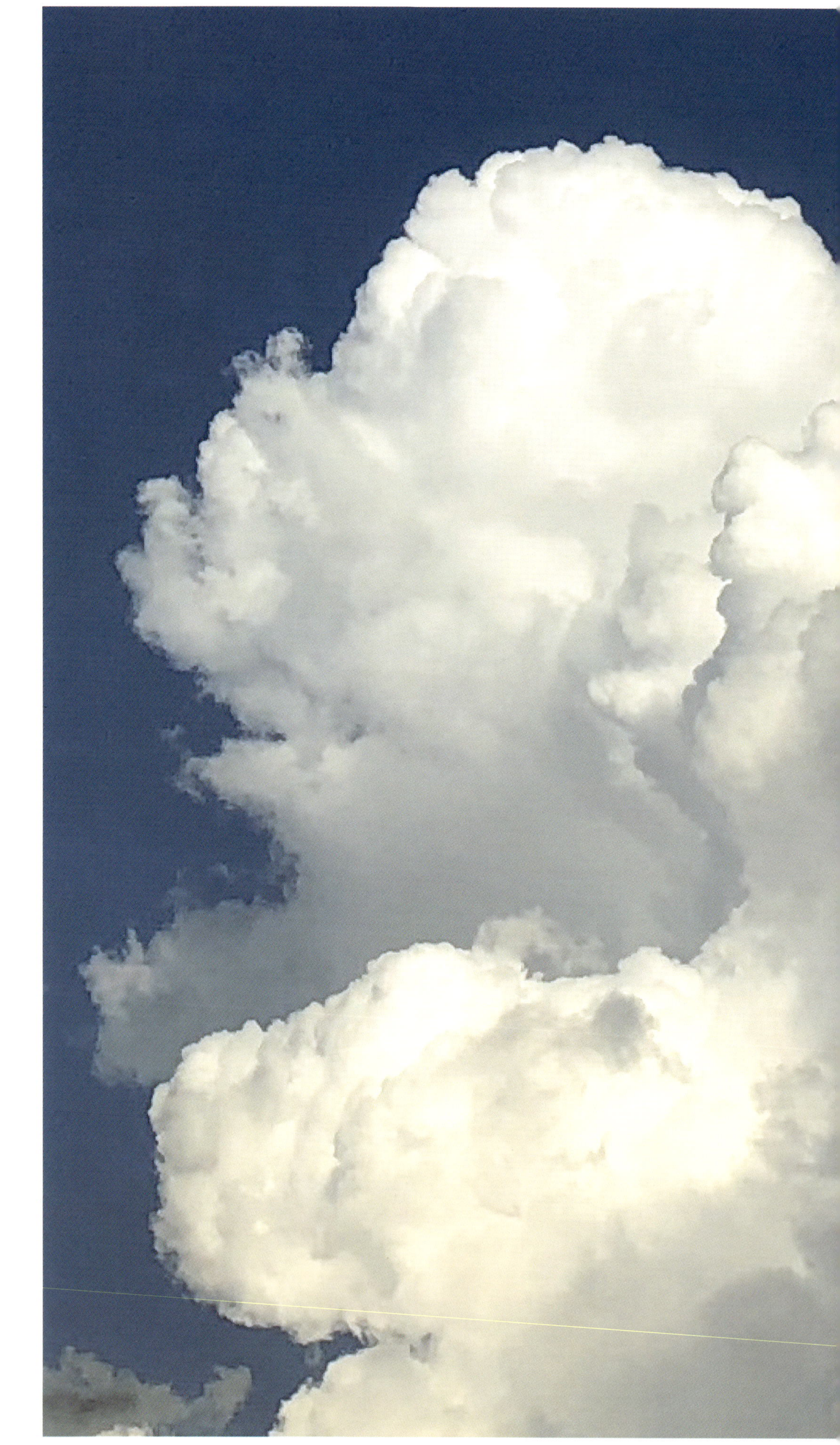

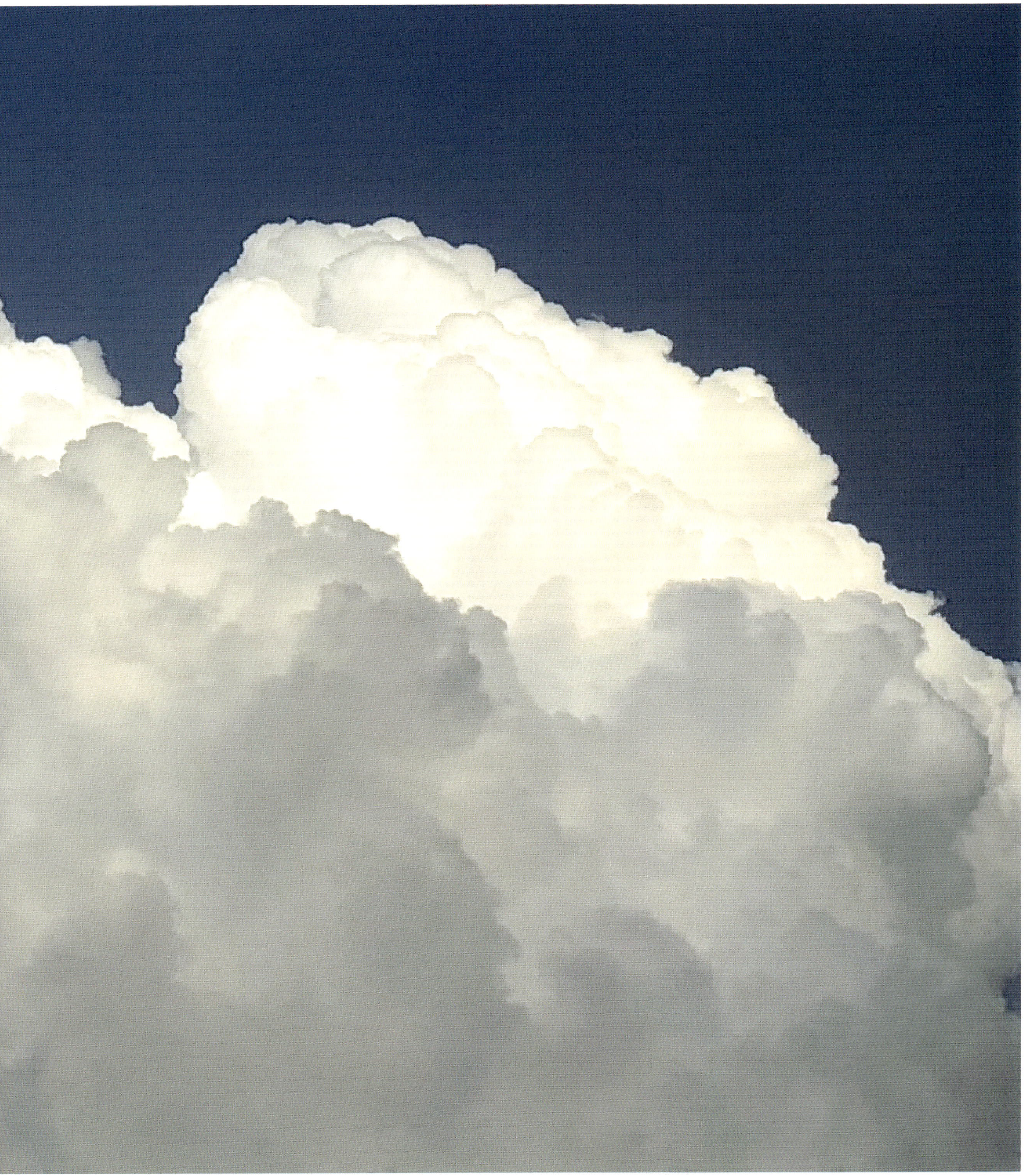

Filippo del Corno
-
Assessore alla Cultura
Comune di Milano
Councillor for Culture
The Municipality
of Milan

Lo Studio Museo Francesco Messina accoglie ancora una volta il linguaggio della contemporaneità grazie alla presenza di un artista milanese, Roberto Fanari, che abita l'architettura dell'ex-chiesa sconsacrata, studio dello scultore siciliano Francesco Messina, con un'opera visiva monumentale.

Il cielo "squarcia" idealmente le pareti della casa museo e invade pacificamente lo spazio interno, in un dialogo con la struttura architettonica, attraverso due tele di grandi dimensioni disposte sotto la volta del soffitto, in cui emerge la visione dell'azzurro e delle nuvole.

In un rimando al rapporto tra arte e natura, e in un gioco di illusione con la realtà, la creazione pittorica di Fanari immerge il visitatore in una dimensione altra, facendo "ritrovare" il cielo sopra di noi nella realtà fisica di un museo.

La natura, tema principe della riflessione dell'artista, si disvela inoltre con altre istallazioni, sculture e dipinti, occupando gli altri livelli dello spazio espositivo, in una sorta di conversazione ideale tra l'opera del maestro siciliano, l'architettura ospitante e la natura della luce, che attraversa il museo.

Questi elementi figurativi e visivi, in contrappunto dialogico, rappresentano una sintesi del lungo percorso di ricerca sul tema della natura compiuto dall'artista attraverso la lettura di sguardo della contemporaneità.

Studio Museo Francesco Messina is once again hosting the language of contemporary art thanks to the presence of Milanese artist Roberto Fanari, whose monumental work is in residence among the architecture of the former church, once the studio of Sicilian sculptor Francesco Messina.

The sky virtually breaks through the walls of the studio-museum and peacefully invades the interior space, where it interacts with the architectural structure through two large canvases arranged beneath the ceiling vault, from which a vision of blue and clouds emerges.

With their reference to the relationship between art and nature, and in a game of illusion and reality, Fanari's paintings immerse visitors in a new dimension, 'rediscovering' the sky above us in the physical reality of a museum.

Nature, the artist's main theme, is also in evidence in the other installations, sculptures and paintings that occupy the further levels of the exhibition space and hold a sort of imaginary conversation with the work of the Sicilian master, the host architecture and the nature of the light that permeates the museum.

These visual, figurative elements in dialogic counterpoint represent a synthesis of the artist's long investigative journey into the theme of nature seen from a contemporary perspective.

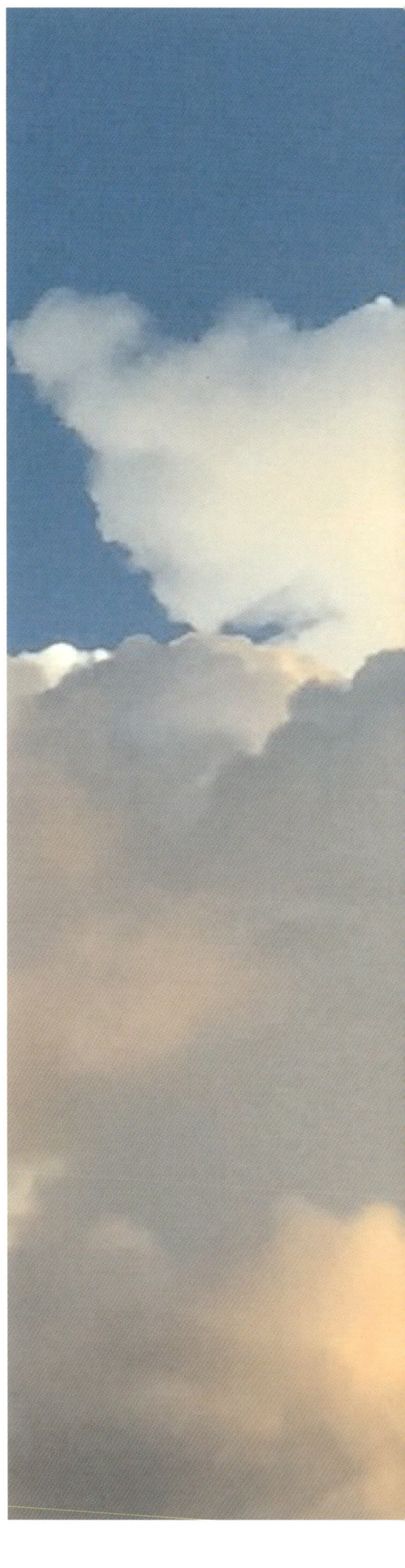

Cielo Improvviso / Sudden Sky

Stampa Inkjet su carta Hahnemühle 300 gr
Inkjet Print on Hahnemühlepaper 300 gr

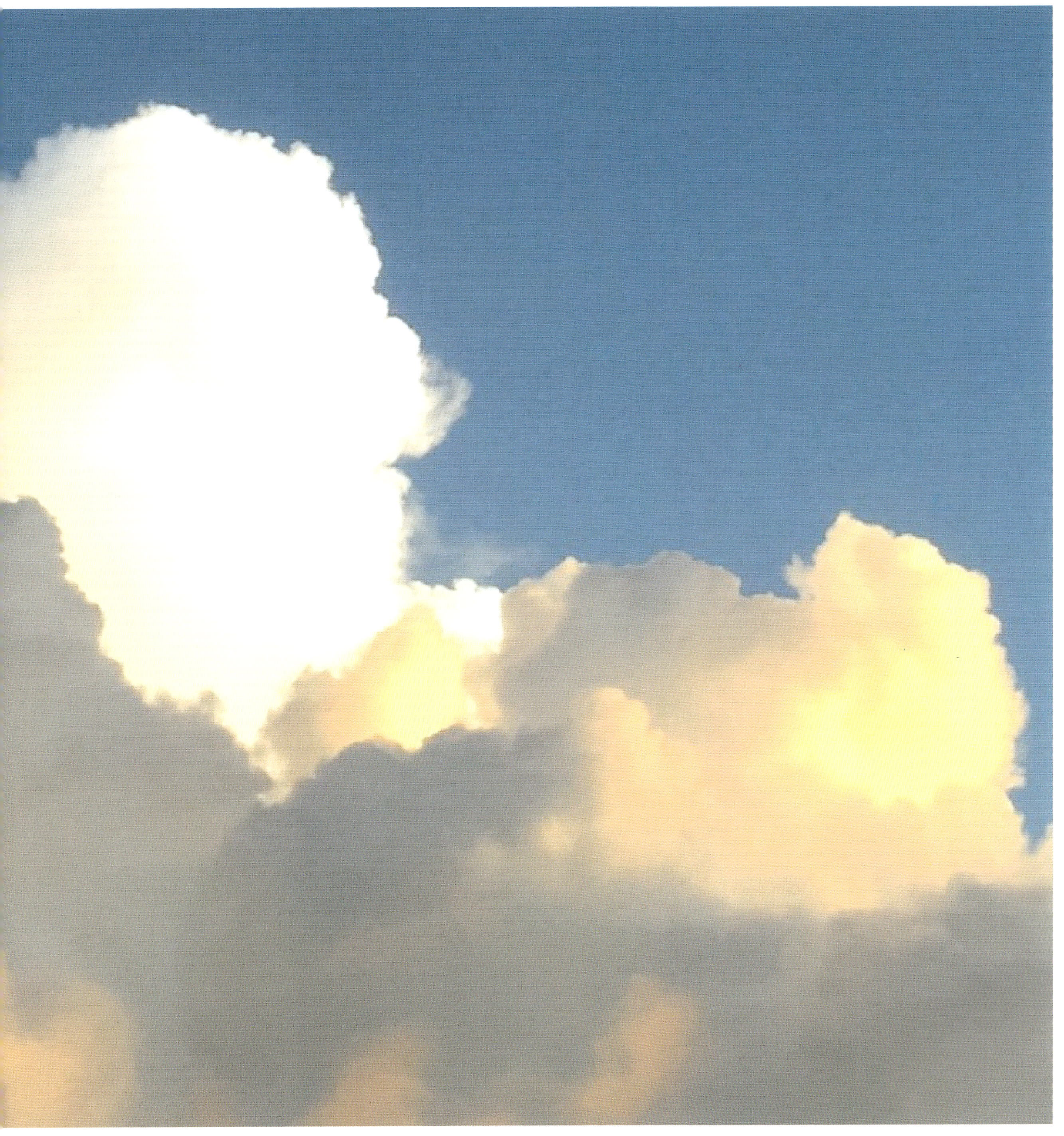

Che cosa sono le nuvole?

What Are Clouds?

Maria Fratelli

Lo Studio Museo Francesco Messina ha iniziato a operare quale spazio di ricerca e laboratorio di arte contemporanea nel 2014 e molte volte, in un lustro di incontri tra le opere di Francesco Messina e gli artisti che in questi anni hanno dialogato con lui, è emersa una convergenza che ha avvicinato certi aspetti della sua ricerca della verità alla poetica di Pier Paolo Pasolini.

Un confronto stridente, subito rimosso come fosse un pensiero accidentale, che però riaffiora troppo spesso, pensando a Messina, per eluderlo senza ulteriore attenzione.

Forse perché per estrazione sociale lo scultore siciliano ha vissuto la miseria e la povertà raccolte e sublimate dal grande intellettuale friulano, riscattandosi da loro grazie alla sua opera. Forse per certe figure di fanciulli rappresentate negli anni trenta che fanno pensare ai *Ragazzi di vita*, romanzo del 1955 che Pasolini ambientò negli stessi anni. O forse sono solo assonanze tra distanze in realtà incomparabili.

Di certo almeno la frase di Baudelaire: "Oh, straziante, meravigliosa bellezza del creato!" pronunciata da Totò-Jago alla fine del film *Che cosa sono le nuvole?* di Pasolini sarà piaciuta anche a Messina che, nella natura, riconosceva una musa e la speranza di una arcadica promessa – se non di libertà – di felicità.

Il film di Pasolini *Che cosa sono le nuvole?* è del 1968, certi ragazzini di Messina hanno pochi anni in più (Messina ne realizza altre tirature e varianti ancora negli anni sessanta), altre opere, come il *Grande Torso Femminile* attorno a cui ruota la mostra di Roberto Fanari "Il cielo ritrovato", sono degli anni settanta.

Impossibile quindi immaginare una mostra dedicata al cielo e non pensare al grande film di Pasolini quando, a cinquant'anni da allora, Roberto Fanari entra nello Studio Museo Francesco Messina creando tra loro un inevitabile corto circuito.

The Studio Museo Francesco Messina began operating as a research space and contemporary art laboratory in 2014, and many times in the five years of encounters between the works of Francesco Messina and those of the artists who have interacted with them in these years, a convergence has emerged that has drawn together certain aspects of Messina's search for truth and the poetics of Pier Paolo Pasolini.

A striking link, but one immediately put aside like a casual thought, though it resurfaces too often to be ignored. Perhaps because due to his social background the Sicilian sculptor's childhood was fraught with the misery and poverty that Pasolini described and sublimated, and which Messina compensated for through his work. Or perhaps because certain sculptures of children Messina made in the 1930s suggest the children from Pasolini's novel *Ragazzi di Vita* (1955), set in the same years. Or perhaps they're simply assonances across distances that are actually incomparable.

Certainly Messina would also have liked Baudelaire's exclamation: 'Oh, the heartbreaking, wonderful beauty of Creation!', spoken by Totò (Iago) at the end of Pasolini's film *Che cosa sono le nuvole?* [What Are Clouds?], since Messina recognised in nature a muse and the hope of a promised Arcadia, if not the hope of freedom or happiness.

Pasolini's film *What Are Clouds?* is from 1968; a number of Messina's sculptures of children are only a few years older (he produced more examples again in the 1960s), whereas other works such as *Grande torso femminile* [Large Female Torso] – around which Roberto Fanari's exhibition *Il cielo ritrovato* [The Rediscovered Sky] revolves – are from the 1970s.

It is therefore impossible to imagine an exhibition dedicated to the sky and not to think of Pasolini's great film, when now, fifty years later, Roberto Fanari has entered the Studio Museo Francesco Messina and created an inevitable short circuit between the two.

Questa ampia premessa sottolinea l'imprevedibilità di questi dialoghi tra artisti e le suggestioni che, dagli incontri, creano storie di cui è quasi impossibile, a priori, prevederne gli esiti. L'arte contemporanea dentro lo Studio Museo Francesco Messina riporta alla luce aspetti inediti del passato e rende visibili tracce e connessioni sotterranee che si possono cogliere solo da grande distanza, come potrebbe avvenire scattando una fotogrammetria aerea.

Tornando alla mostra di Fanari è necessario rilevare come l'artista abbia organizzato lo spazio in modo bipartito e al contempo unitario: costruisce infatti una doppia mostra, con due diverse serie di dipinti, e affida il collegamento delle due sezioni dell'esposizione alla presenza centripeta e centrifuga del *Grande Torso Femminile* di Francesco Messina, messo al centro dello spazio della cripta della chiesa sconsacrata di San Sisto.

Che Fanari abbia posizionato una scultura di Messina quale fulcro di tutti i suoi passaggi di nuvole è una scelta operata in fase di allestimento, ma di certo le lunghe ore trascorse dall'artista in museo per ideare questa sua mostra hanno "agito" sia sulla elaborazione del progetto delle nuvole, sia sulla nuova produzione artistica di nuove sculture.

Le affinità tra Messina e Fanari si palesano infatti sia nella forma sia nelle cromie.

Nella cripta, dove il *Grande Torso Femminile* di Messina governa lo spazio, osteso al centro e attorniato dai grandi *Paesaggi invisibili* di Fanari che lo avvolgono con l'oscurità del cielo cupo della notte o del temporale, l'artista milanese ha collocato una sua opera in ceramica rosa, un tronco con un ampio apparato radicale le cui interruzioni e i tagli che sezionano la continuità delle forme antropomorfe sono le stesse cesure che Messina usa per rendere frammentari e antichi i corpi dei suoi giovinetti acefali che completano il perimetro della sala.

La radice di Fanari evoca il diramarsi di un sistema venoso, si presenta come una forma ibrida: tra il vegetale e l'umano, è un essere vivente, come lo è il *Grande Torso Femminile* di Messina, che con la sua lacrimosa finitura a striature evoca la pioggia e il pianto. L'opera di Fanari pare infatti "seguirlo" e, alle sue spalle, prendere forma: albero vivo tra gli alberi dipinti nelle grandi tele broccate.

Al piano superiore la chiesa è interamente occupata dai grandi cieli di Fanari che animano e muovono lo spazio secondo la mobilità degli altocumuli e dei nembostrati. Sono questi i termini scientifici utili a descrivere la forma di queste nuvole che, in realtà, nelle loro simmetrie, agiscono nella memoria del riguardante come le macchie di Rorschach.

This broad premise underlines the unpredictability of these dialogues between artists, and how the suggestions that arise out of these encounters create stories whose outcomes are almost impossible to predict beforehand. Contemporary art exhibited in the Studio Museo Francesco Messina brings to light new aspects of the past and reveals traces and subterranean connections that can only be seen from a great distance, as may occur when using aerial photogrammetry.

Returning to Fanari's exhibition, it should be pointed out how the artist has divided the space in two yet at the same time unified it. He has in fact created a double exhibition with two different series of paintings, and entrusted the link between the two sections to the centripetal and centrifugal presence of Messina's *Large Female Torso* located in the centre of the crypt in the deconsecrated Church of San Sisto.

Fanari's decision to use one of Messina's sculptures as the fulcrum for all his cloudscapes was made while setting up the exhibition, but certainly the long hours he spent in the museum preparing the show affected both the evolution of the clouds project and his new sculptures.

The affinities between Messina and Fanari are indeed clear in both form and colour.

In the crypt, the central position of Messina's *Large Female Torso* dominates the space, surrounded by Fanari's large *Invisible Landscapes* which envelop it in the darkness of a sombre night-time or stormy sky. Here the artist has also placed his pink ceramic tree trunk. The large root system, whose its cuts and interruptions break the continuity of the anthropomorphic forms, has the same breaks that Messina used to give a fragmentary and ancient appearance to the bodies of his headless youths, displayed around the perimeter of the room.

Fanari's tree root recalls the branching of a venous system; it resembles a hybrid form, part vegetable, part human. It is a living being like Messina's *Large Female Torso,* whose streaked and mottled surface evokes rain and tears. Indeed, Fanari's work seems to follow it and take shape behind it: a living tree among other trees painted on large brocaded canvases.

The church's upper floor is entirely occupied by Fanari's large skies, which animate and move the space with the mobility of altocumulus and nimbostratus. These scientific terms are useful for describing the shape of these clouds, whose symmetries affect the viewer's memory like Rorschach inkblots.

The ambience of a baroque church for Fanari's exhibition dedicated to sky plays its part in evoking many other visions, such as Tiepolo and Turner, but also the more recent twentieth-century, and with it Andy Warhol.

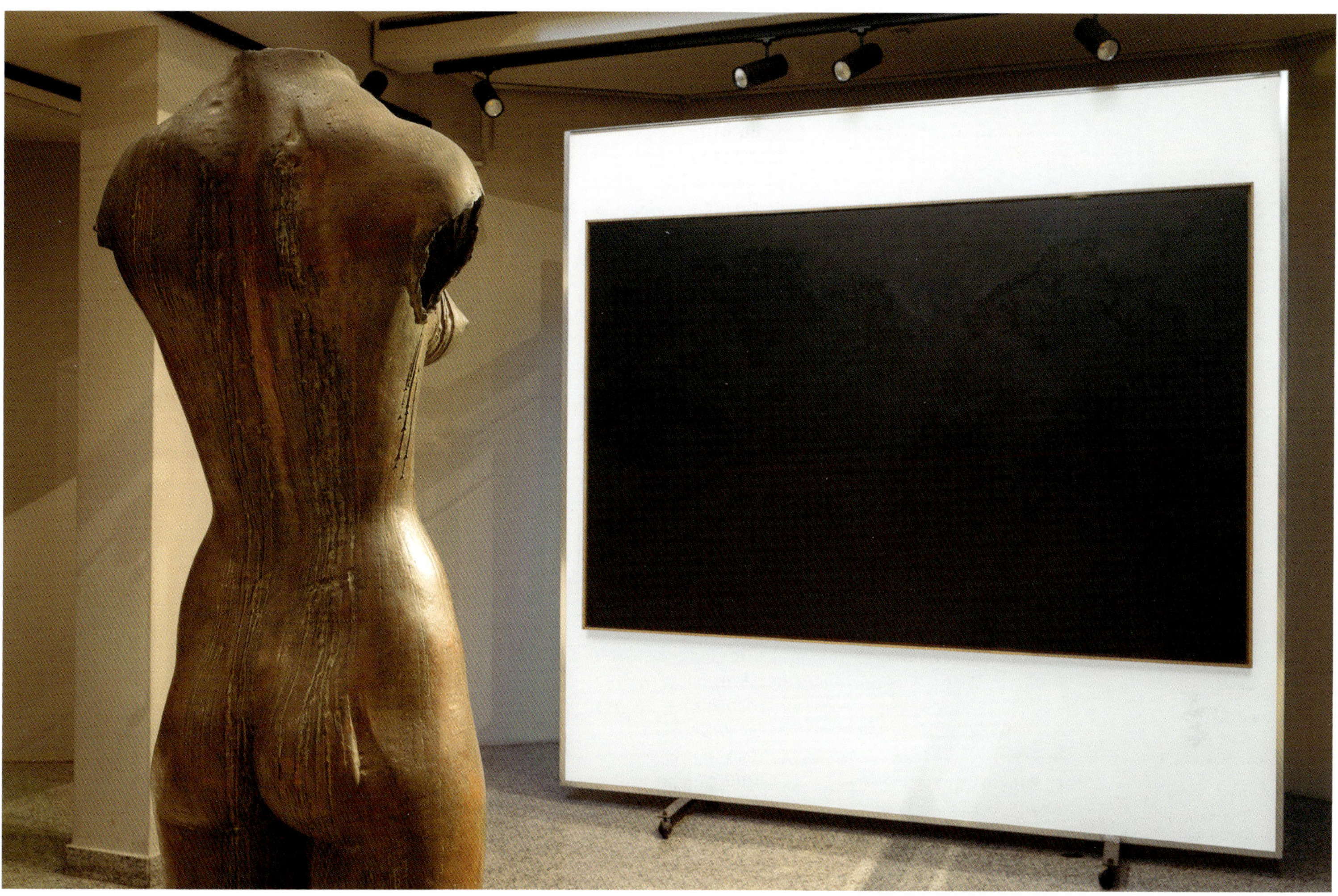

La mostra di Fanari dedicata al cielo, complice la suggestione della chiesa barocca, rimanda a molte altre visioni: al Tiepolo, a Turner ma anche al più recente Novecento con il suo richiamo a Andy Warhol.

La derivazione coloristica pop della pittura di Fanari, così come pop è la modularità dei pannelli che compongono le grandi superfici sospese dei suoi cieli, offre una chiave di lettura che affronta il tema della verità pasoliniana esaminandolo a partire dal punto di vista opposto, ovvero dalla rappresentazione della finzione.

Il richiamo al pop ha una doppia valenza: riconduce sia alla ricerca di un'espressione figurativa, che si ritrova nella scelta stilistica di Messina, sia alle immagini prodotte dal cinema, che in ambito italiano è stato il principale testimone e strumento

The Pop Art influence in the use of colour and the modularity of the panels that compose the large suspended surfaces of Fanari's painted skies presents an interpretive key that confronts anew the theme of Pasolini's truth by examining it from the opposite point of view, namely from the representation of fiction.

The reference to Pop Art has a dual significance: it concerns the search for a figurative form of expression, found in Messina's stylistic choice, and to cinematographic imagery, which in Italy was the main testimony and instrument for a critical reading of everyday life. At the centre of the ground floor is a second sculpture by Messina, the *Ritratto di Carla Fracci* [Portrait of Carla Fracci] (1969), the period in which he frequented the world of theatre and when his fame launched him into the limelight in the first glossy magazines.

Vista dell'allestimento
Installation view

di una lettura critica della quotidianità. Al centro del piano terra è posta una seconda scultura di Messina, il *Ritratto di Carla Fracci* del 1969. È questo il periodo in cui Messina frequenta il bel mondo del teatro e quello in cui la sua fama lo porta alla ribalta sulle prime riviste patinate.

La prima ballerina della Scala è stata rappresentata da Messina con una modernità sorprendente: l'espressione assorta, il volto ispirato e vigile, il trucco deciso, la donna che si offre al suo sguardo ornata solo da un reggiseno azzurro che, insieme ai lunghi capelli neri, la veste. L'azzurro della stoffa, il rosa della bocca, il biancore del suo incarnato, sono gli stessi colori che ricorrono nei tre grandi cieli di Fanari, tanto che la scultura, esposta davanti al solo dipinto monocromo della mostra *La forma del mio cielo*, pare ne abbia assorbito i colori lasciandolo vuoto.

Ancora una volta si tratta di assonanze, nulla di filologico, se non un comune sentire, fili di suggestioni che ogni visitatore coglie o tesse a suo modo. Non è dato sapere quanto l'incontro sia stato merito del caso, che ha voluto questo riuscito ritrovo di cromie, o se la piacevole energia che circola tra le opere sia stato un risultato a lungo cercato e perfettamente attivato.

Anche il caso, come il cielo, si compone di varie fogge e colori, a seconda delle sensibilità, delle energie, delle memorie e delle influenze che animano il mondo. Che la felicità di queste tangenze sia puramente accidentale è quindi da confutare tanto quanto la tesi che il battito d'ali di una farfalla sia in grado di innescare un temporale dall'altra parte del mondo.

Qui, dove tutto potrebbe essere vero o più verosimilmente finto, dove non conta quale sia il colore del cielo e quale quello delle nuvole, la commedia pasoliniana riaffiora per un'ultima volta perché in effetti, come insegna il grande regista, il sogno entra nel sogno, la realtà si rivela nella finzione, la verità nell'inganno, la libertà nella fascinazione di un cielo che lascia aleggiare nell'aria una canzone: "...tutto il mio folle amore, lo soffia il cielo, lo soffia il cielo, così".

Messina portrayed the Scala's prima ballerina with a surprising modernity: the absorbed expression, the inspired, alert face, the well-defined make-up of a woman who offered herself to his gaze adorned only by a blue bra and her long black hair. The blue fabric, the pink mouth and the white complexion are the same colours that recur in Fanari's three large paintings of sky, so that the sculpture, displayed in front of the exhibition's single monochrome painting *The Shape of My Sky*, seems to have absorbed the painting's colours, leaving it empty.

Once again we are dealing with assonances, nothing philological, unless perhaps a common feeling, threads of suggestions that every visitor gathers or weaves in his or her own way. Whether this successful juxtaposition of colours was due to chance, or whether the pleasing energy that circulates between the artworks was a long-sought after and perfectly achieved result remains unknown.

Even chance, like the sky, is composed of various shapes and colours, depending on the sensitivities, energies, memories and influences that animate the world. Therefore the idea that the harmony of these tangencies is purely accidental is to be refuted as much as the thesis that the beating of a butterfly's wings is able to trigger a thunderstorm on the other side of the world.

Here, where everything could be real but is more likely to be fake, where the colour of the sky and the colour of the clouds is of no consequence, the Pasolini comedy resurfaces for one last time, because in effect, as the great director taught us, the dream enters the dream, reality is revealed in fiction, truth in deception, and freedom in the fascination of a sky where a song drifts in the air: '... all my mad love, the sky blows, the sky blows, like this.'

Vista dell'allestimento
Installation view

pp. 20-21
Cielo Improvviso / Sudden Sky

Stampa Inkjet su carta
Hahnemühle 300 gr
Inkjet Print on
Hahnemühlepaper 300 gr

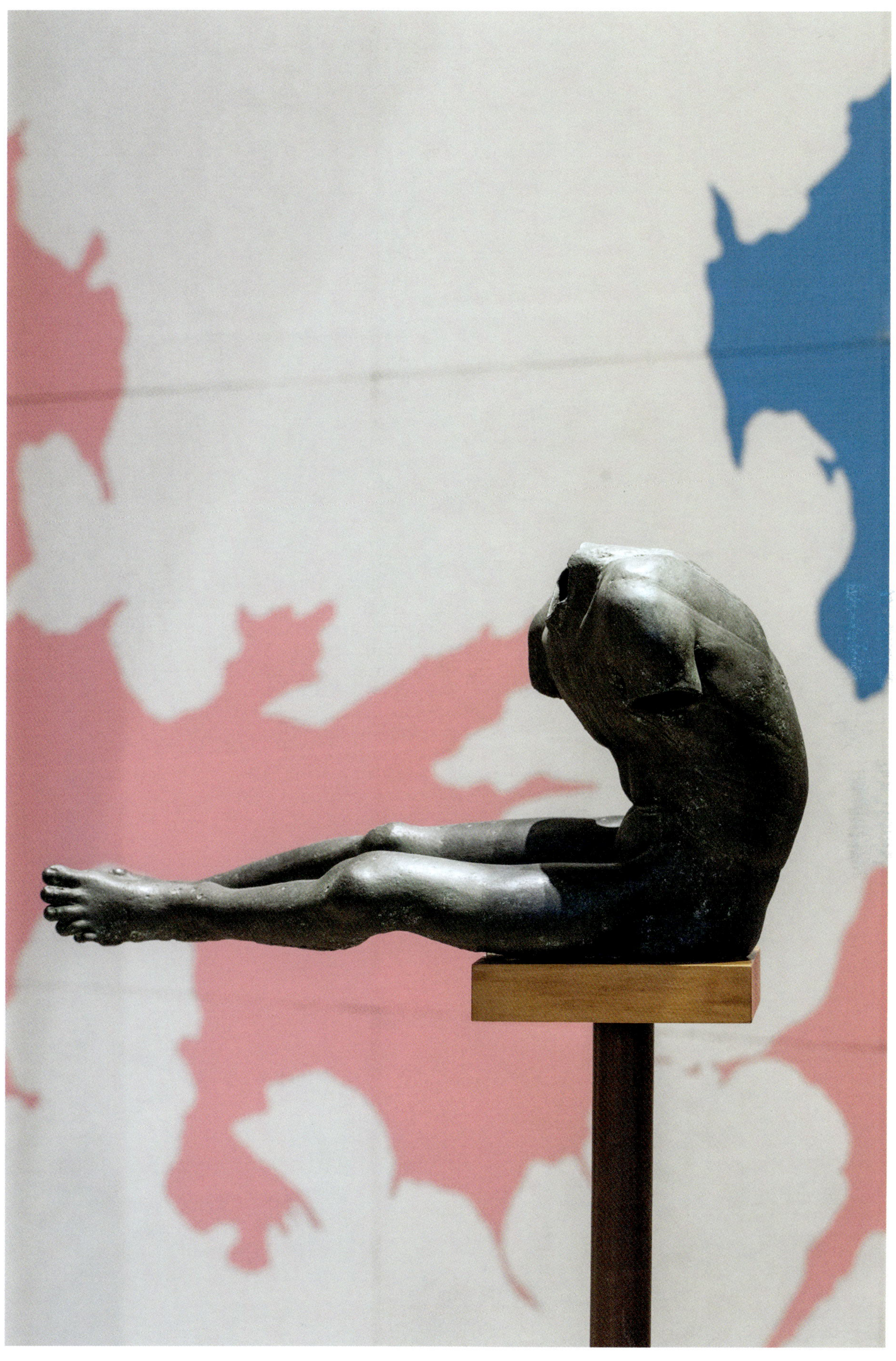

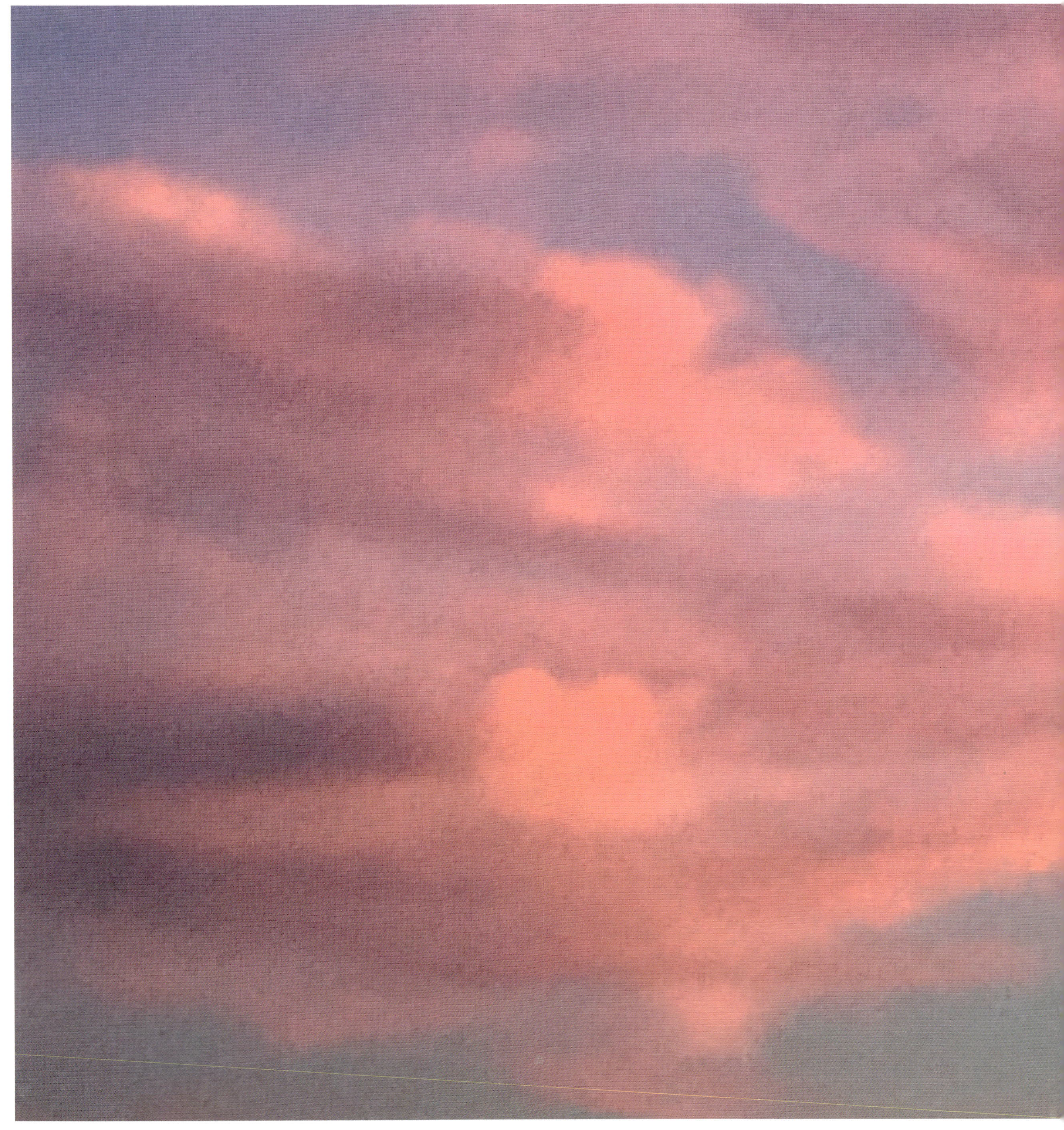

grado di riallacciare trame e nodi dell'arte e dell'esperienza estetica, conducendoci per così dire in maniera ascensionale verso i campi aperti dell'immaginazione.

La chiesa si trasforma in un cangiante caleidoscopio, le cui componenti possono essere manipolate in varie direzioni fino a ottenere strutture interconnesse in vario modo: così soffitto, pareti, cripta e piano terreno si rimandano specularmente immagini di cielo e di natura, e scopriamo che il cielo appeso sulla volta della navata può essere un pavimento, una carta geografica di terre inesplorate, che il pennello definisce marcatamente al confine del colore. Pareti e vetrata absidale giocano in un rispecchiamento reciproco di luce e partizioni di colore, mentre nella cripta paesaggi enigmatici attirano i nostri occhi ed elevano idealmente il piano interrato fino al livello terra. Natura e architettura trovano una cifra comune nella rappresentazione di Fanari, semplice e lontana dal naturalismo, piacevole e facile alla vista eppure esigente nel pretendere rigore di osservazione e decodificazione. La chiesa viene complessivamente ad assumere un nuovo aspetto organico, rivestendosi di pittura che non è decorazione, ma ricostruzione intima di una possibile visione.

Per chi entra lo sguardo è immediatamente catturato da un arco ideale, che divide l'edificio lungo il suo asse: un dipinto che dal soffitto scende lungo le pareti fino al pavimento, con decine di tele ognuna diversa dall'altra a comporre un'unica trama che squarcia i muri e porta dentro un cielo, o forse avvicina noi al cielo, sollevandoci fuori dalla volta della chiesa, irradiando aria nuova.

Non è un azzardo ricordare Giambattista Tiepolo, il maestro della pittura di soffitti sacri e profani, che di villa in villa, di palazzo in palazzo, di chiesa in chiesa, da Venezia, a Würzburg a Madrid, dipingeva saloni con grandiose scene mitologiche, che componeva con "sprezzatura"[4], ovvero con grazia e apparente semplicità di realizzazione. La stessa "sprezzatura" che contraddistingue l'installazione di Fanari: posta sopra le nostre teste, con giocose e precise variazioni di uno stesso tema in un'unica iconica illusione visiva, incombente e rivelatrice. Ci parla di luce, di scena, ma anche di reverenza verso l'immagine, e si confronta con lo spazio e il tempo.

Tra i personaggi dei sontuosi affreschi, popolati di dèi e di esseri umani ritratti come divinità, vi è in primo luogo il cielo e le sue nuvole, spumose montagne che anziché oscurare la luce la rifrangono in tinte di quei colori inimitabili che la posterità definì col nome del suo autore, "il rosa Tiepolo".

vention that reconnects the fabric and texture of art and aesthetic experience, leading us, as it were, in an ascent towards the open fields of the imagination.

The church is transformed into an iridescent kaleidoscope whose components can be adjusted in a variety of directions to obtain structures interconnected in different ways: thus the ceiling, walls, crypt and ground floor reflect images of sky and nature, and we discover that the sky attached to the nave vault can be a floor, or a map of unexplored lands which the brush demarcates clearly in colour. Walls and apsidal windows join in a reciprocal mirroring of light and partitioning of colour, while in the crypt, enigmatic landscapes draw our gaze and appear to raise the basement to ground level. Nature and architecture find a common denominator in Fanari's representations, simple and far from naturalistic, pleasing and easy on the eye, yet exigent in their demand for rigorous observation and decoding. As a whole, the church takes on a new, organic appearance, arrayed with painting that is not decoration but an intimate reconstruction of a possible vision.

The attention of whoever enters will be immediately captured by an apparent arch that divides the building along its axis: a painting that descends from the ceiling and continues along the walls to the floor, composed of dozens of canvases, each one different from the other but forming a single entity that pierces the walls and brings in a sky, or perhaps takes us closer to the sky, transporting us out through the roof of the church, emanating new air.

The mention of Giambattista Tiepolo is by no means casual: the master of the painted ceiling, both sacred and profane, who roamed from villa to villa, palace to palace, church to church, from Venice to Würzburg to Madrid, painting salons with grandiose mythological scenes which he composed with *sprezzatura*,[4] in other words grace and apparent simplicity. The same *sprezzatura* that distinguishes Fanari's installation located above us, with its playful yet precise variations on one theme in a single, revealing, soaring iconic visual illusion. As it confronts space and time, it speaks to us of light, of the setting, but also of reverence towards the image.

Among the protagonists in Tiepolo's sumptuous scenes, populated by gods and by human beings portrayed as divinities, there is first and foremost the sky and its clouds, foaming mountains that instead of obscuring the light refract it in the inimitable colours that posterity has defined by their inventor's name, such as 'Tiepolo pink'.

The light of Fanari's sky is total, created from intense colours whose chromatic source seems de-

Ceramica frantumata / Shattered Ceramic, 2015

Ceramica invetriata. Installazione presso Trompemburg Tuinen & Arboretum, Rotterdam, 2016
Glazed ceramic. Installation at Trompemburg Tuinen & Arboretum, Rotterdam, 2016

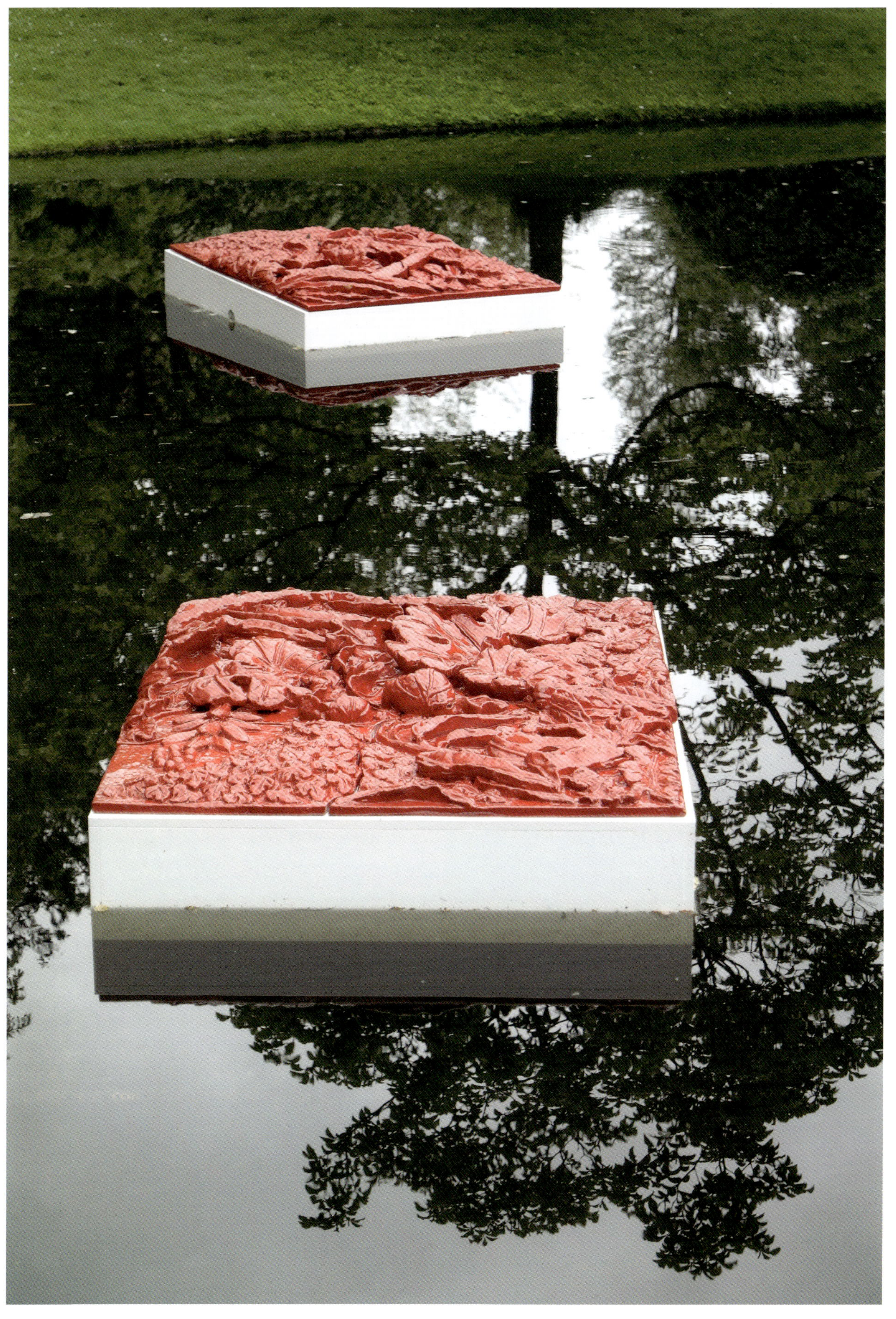

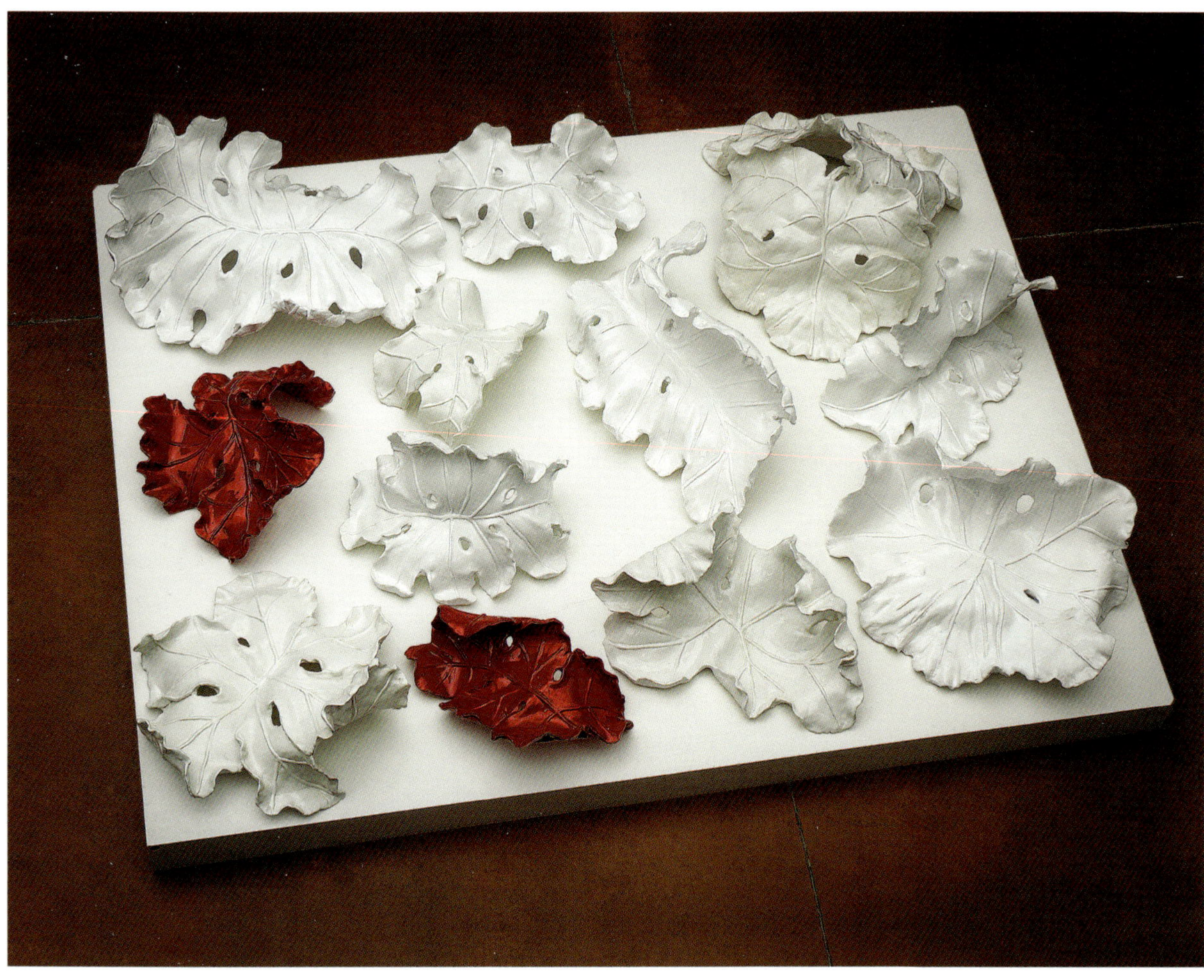

La luce del cielo di Fanari è totale e utilizza colori intensi la cui sorgente cromatica pare provenire dai panneggi tiepoleschi, rosa, giallo, purpureo, a cui è stato aggiunto il massimo del carico di tono in direzione pop. Il cielo così ottenuto, articolato in una grammatica nimbologica sovrabbondante e analitica, come un capriccio settecentesco, nel suo completo manifestarsi non nasconde nulla, è una piena epifania dell'immagine che asserisce il suo significato assoluto. Un cielo come nessun altro, guardando il quale abbiamo la più completa appercezione, come una sorta di rivelazione misterica. Fanari conosce gli studi sulle nubi di Alexander Cozens[5], John Constable, e non è estraneo al palpito romantico di Caspar David Friedrich e William Turner, o al magnifico "re dei cieli" Eugène Baudin che tanto impressionò il Baudelaire dei *Salon*[6]. Allo stesso modo la sua realtà si avvicina sorprendente-

rived from Tiepolo's drapery: pink, yellow and purple, to which Fanari has added the maximum Pop Art intensity of tone. This sky, articulated in a superabundant and analytical grammar of clouds, like an eighteenth-century caprice, conceals nothing in its total self-display; it is the complete epiphany of an image that declares its absolute meaning. A sky like no other. Looking at it, we have the fullest apperception of sky as a sort of enigmatic revelation. Fanari is acquainted with the studies of clouds by Alexander Cozens[5] and John Constable, and is no stranger to the romantic heartbeat of Caspar David Friedrich and William Turner, nor to Eugène Baudin, the magnificent 'king of the heavens' who so impressed Baudelaire in his books on the *Salon*.[6] Similarly, his reality comes surprisingly close to a Magrittesque dreamlike surrealism, transforming the analysis of appearance into a narrative description that alters

Celle-ci sont des feuilles?, 2014

Ceramica smaltata
Enamelled ceramic

pp. 28-29
Installazione presso Villa Erba, Cernobbio (Como), 2015
Installation at Villa Erba, Cernobbio (Como), 2015

mente a un surrealismo onirico alla Magritte, trasferendo la scansione dell'apparenza in una descrizione narrativa che altera la simbologia dell'immagine e ci costringe a fare appello alle nostre condizioni visuali cognitive di fruitori. Il suo cielo è privato dell'esistenza accidentale di un occasionale cumulo atmosferico, e diventa un distillato di esperienze, anzi una griglia per accogliere ogni esperienza futura. L'obiettivo della sua visione è farci partecipe di un processo percettivo in cui agiamo da protagonisti e vediamo come se fosse per la prima volta. La realtà oggettiva si fa simulacro, una similitudine di continui rimandi tra immagine e percezione. In questo senso utilizziamo le parole di Michel Foucault che nel suo penetrante studio su Magritte[7], dove analizza lo smantellamento da parte del pittore belga del rapporto tra verosimiglianza e rappresentazione, conclude che la pittura non afferma un enunciato di verità sul reale, ma ce ne consegna una visione in cui l'equivalenza segno-cosa si sposta semanticamente.

Fortissima in Fanari è anche un'energia visivo-psichica che ci intriga, ci instrada verso un'esplorazione e un raggiungimento di un nuovo significato. Un paradigma simile alla warburghiana *Pathosformel*[8], grazie al quale attraverso il gesto pittorico potentemente espressivo, volto a una sorta di canonizzazione delle forme, emerge ciò che più sotterraneamente vi risiede. La forza delle nubi, dei paesaggi, dei tronchi, delle foglie di Fanari contiene un substrato immaginativo che porta alla luce la forma per così dire antica, consolidata nella nostra immaginazione, in un aspetto percettivamente diverso.

L'ambiente della chiesa si presta a una sovrapposizione tra sacro e profano, tra metafisica del vedere e processualità contemporanea epistemologica del fare artistico e della sua fruizione. Il lavoro di Fanari chiama in causa tutti questi elementi inserendoli in un'estemporanea enciclopedia della percezione, dove il visitatore ha un ruolo attivo, è compartecipe del dispiegarsi dell'opera d'arte in un significato universale e intimo al tempo stesso.

La dimensione dello spazio è un'importante categoria che Fanari soprattutto in questo progetto espositivo intende esplorare. Nella pittura, il ruolo tradizionalmente dato allo spazio dell'opera rispetto a ciò che la circonda trova un diaframma nella cornice[9]. Tale limite all'espansione del quadro inizia a essere messo in discussione da parte di artisti che includono la cornice nell'opera, come ad esempio Giacomo Balla, Vassilij Kandinskij, Paul Klee; o che coinvolgono lo spazio, come ad esempio con le prime opere ambienti di El Lissitzky e Kurt Schwitters. La dimensione e l'interazione dell'opera con l'ambiente circostante

the symbolism of the image and obliges us to appeal to our visual cognitive state as viewers. His sky has none of the accidental presence of an occasional atmospheric cumulus, it becomes a distillation of experiences, indeed a grid for gathering every future experience. The goal of his vision is to have us take part in a process of perception in which we act as prime movers and 'see' as if for the first time. Objective reality becomes a simulacrum, a comparison of continuous references between image and perception. In this sense we can borrow the words of Michel Foucault, who in his penetrating study of Magritte[7] analyses the Belgian painter's dismantling of the relationship between verisimilitude and representation, concluding that painting does not make an assertion of truth about reality but offers us a vision in which the sign-object equivalence shifts semantically.

Also strongly present in Fanari's work is a visual and psychic energy that intrigues us, prompting us to explore and reach a new meaning. A paradigm similar to Warburg's *Pathosformel*,[8] thanks to which, through the powerfully expressive gesture of painting, aimed at a sort of canonisation of forms, the most subterranean elements residing there emerge. The power of Fanari's clouds, his landscapes, tree trunks and leaves contains an imaginative substratum that brings to light, in a perceptually different manner, what might be called the 'ancient form' consolidated in our imagination.

The environment of the church lends itself to an overlap between the sacred and the profane, between the metaphysics of seeing and the contemporary epistemological process of making and experiencing art. Fanari's work addresses all these elements by inserting them into an extemporaneous encyclopaedia of perception, in which the visitor plays an active role and is a participant in the unfolding of the artwork, both in its universal and intimate meaning.

The dimension of space is an important category that Fanari has particularly explored in this project. In painting, the role traditionally given to the painted space in relation to what surrounds it is confined by the frame.[9] This limit to the image's expansion was questioned by artists who began to include the frame within the work, among them Giacomo Balla, Wassily Kandinsky and Paul Klee. Others incorporated space, as in the first works by El Lissitzky and Kurt Schwitters. The dimension of the artwork and its interaction with the surrounding environment has represented perhaps the most revolutionary exploration in art from the middle of the last century to the present day: from Fontana's Spatialism to site-specific installations, including the extreme examples of Land Art.

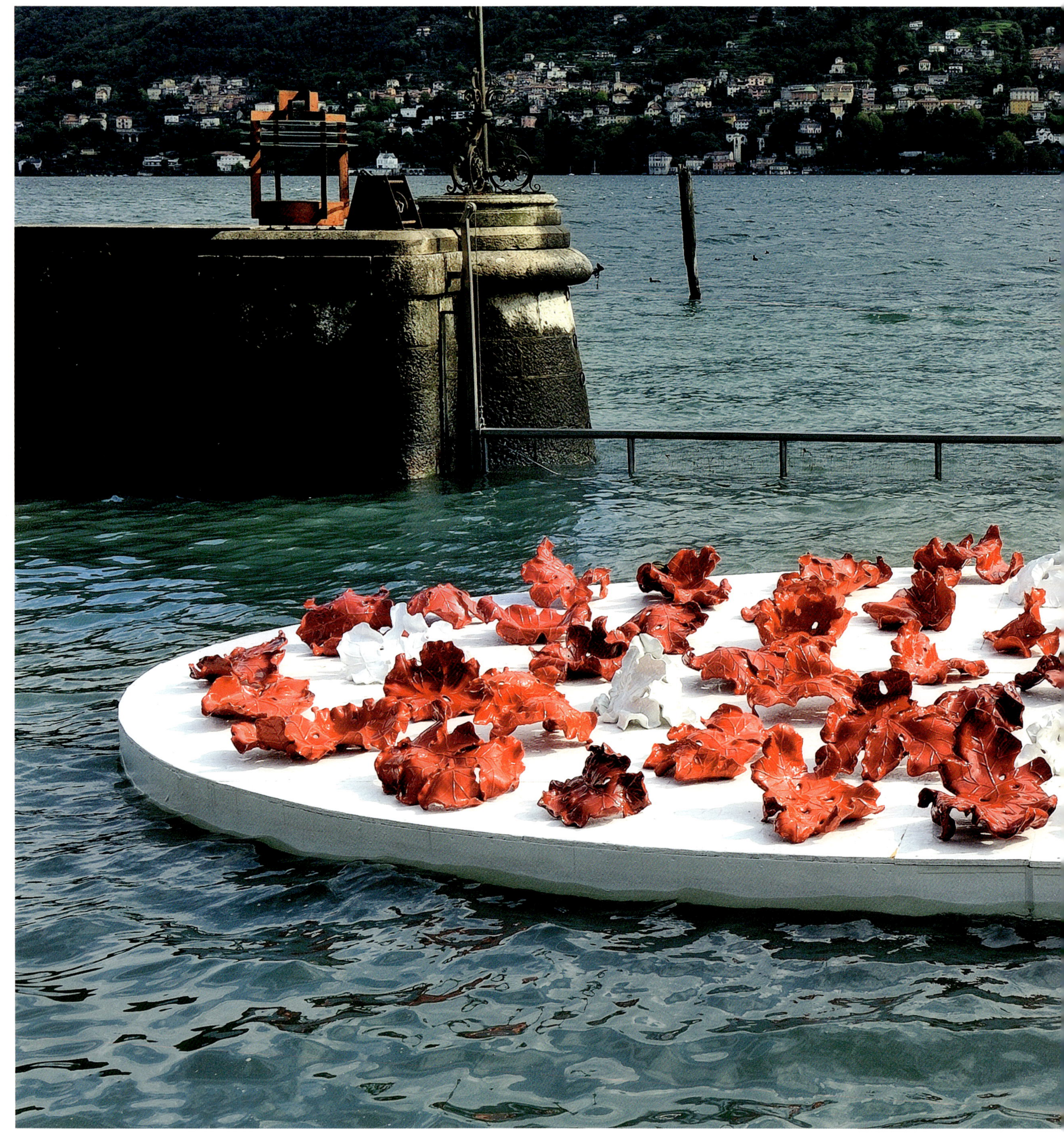

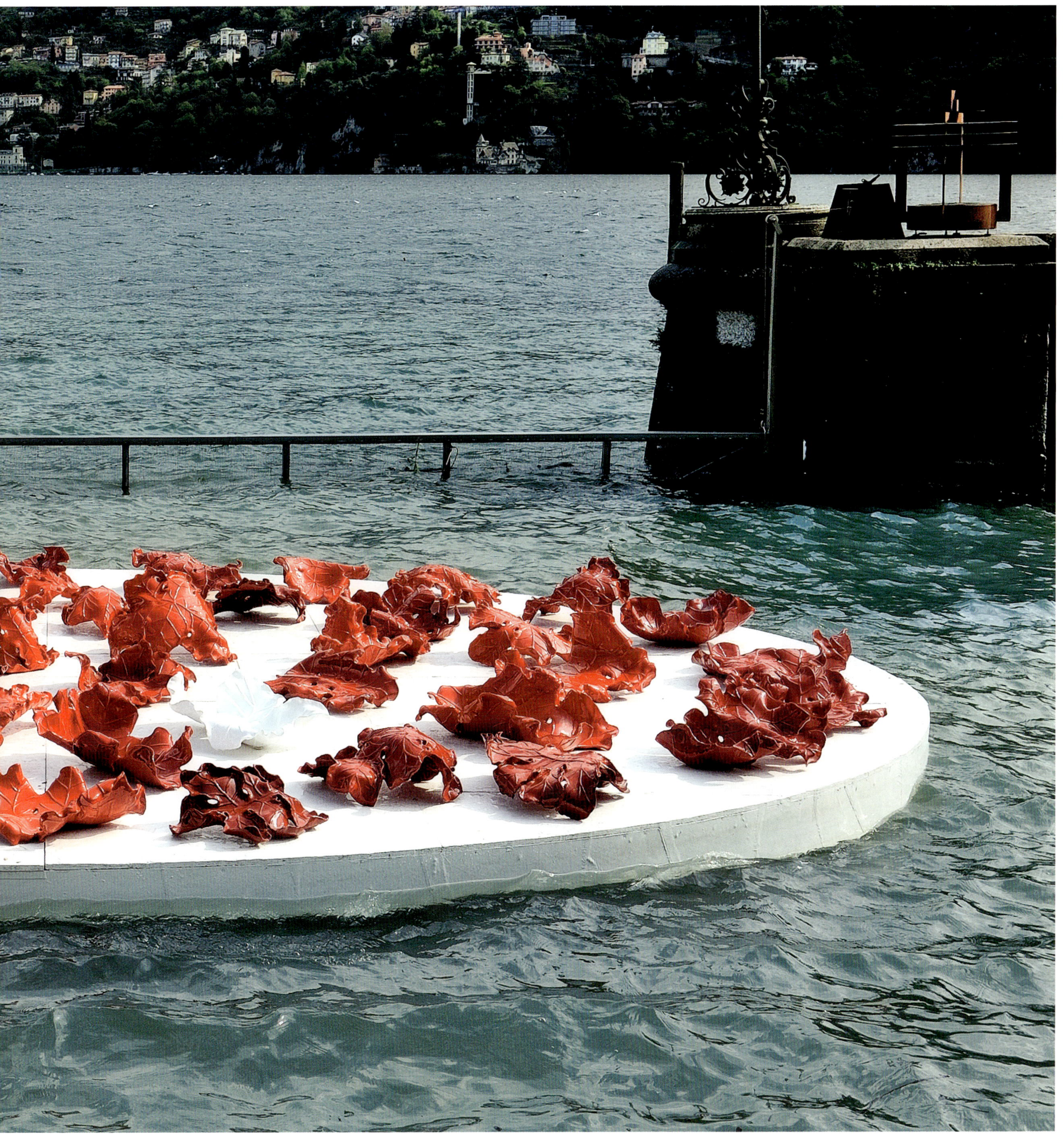

rappresenta poi la ricerca forse più rivoluzionaria dell'arte dalla metà del secolo scorso a oggi, a partire dallo Spazialismo di Fontana, alle installazioni costruite appositamente per il sito che occupano, fino agli esempi estremi della Land Art.

Fanari non crea un vero e proprio *environment*, un ambiente per così dire diverso dal volume in cui è collocato, ma intende interagire con lo spazio circostante in maniera comunque radicale, guardando alla morfologia della struttura, assecondandola o forzandola, mai semplicemente ricoprendola. Si tratta di un vero e proprio innesto tra pittura e architettura, volto non all'annullamento della struttura, alla creazione di una *white box*, ma indirizzato a proporre un reciproco insinuarsi di forme, di punti di vista, un gioco di variazioni di trame e colori, che si esprime tanto nel cielo, quanto nelle altre opere componenti la mostra, dalla pittura bidimensionale alla ceramica bi e tridimensionale, fino a fogli di bronzo trattati come altorilievi. L'incontro tra le due dimensioni avviene all'insegna di un camuffamento, di una metamorfosi semantica e formale che trasforma l'opera d'arte in architettura e ingloba l'architettura nell'opera. Possiamo quasi dire che Fanari traveste San Sisto di una pelle nuova, di un rivestimento che non è per niente decorazione o accessorio, non costituisce una funzione "additiva" ma si salda in una fondamentale unità organica con l'edificio-scena. Ora, paradossalmente, ciò che l'opera simula innestandosi con l'architettura non è altro che la natura: l'opera d'arte esorbita dai confini dello spazio dato, i muri della chiesa, e apre uno scorcio sulla natura esterna.

La narrazione del tempo è un elemento fondamentale utilizzato dalla pittura, in un senso inizialmente illustrativo, pensiamo alle scene di rappresentazione sacra dove si susseguono episodi distinti temporalmente, fino a introdurre l'elemento del divenire nella costituzione stessa dell'opera, come per la simultaneità dinamica futurista. Il concettuale contemporaneo Roman Opalka "conta" per così dire il trascorrere del tempo dell'opera e della propria vita, avviando un monumentale ciclo che si concluderà solo con la sua morte, in cui l'artista dipinge la successione dei numeri naturali da 1 all'infinito. Alla domanda di Caspar David Friedrich[10]: "è l'uomo che domina il tempo o il tempo a dominare l'uomo?", il pittore tedesco dai paesaggi sospesi tra tempo atmosferico e percezione sublime della natura, risponde che "gli uomini non sono così liberi" e riconosce una sorta di "a priori" kantiano anche alla pittura. Del resto, secondo le parole del filosofo dell'estetica del sublime Frie-

Fanari has not created an environment at odds with the volume in which it is located, but nevertheless his intention is to interact with the surrounding space in a radical way by considering the morphology of the structure and either conforming to it or remodelling it, but never simply covering it. He has performed a true merger between painting and architecture, not with the aim of negating the structure by creating a 'white box', but of proposing a mutual interpenetration of forms and points of view; a game involving the variation of textures and colours, expressed as much in the sky as in the other works that constitute the exhibition, from two-dimensional painting and two- and three-dimensional ceramics, to bronze sheets treated as high-reliefs. The encounter between the two dimensions is characterised by camouflage, a semantic and formal metamorphosis that transforms the artwork into architecture and incorporates architecture into the artwork. We can almost say that Fanari disguises San Sisto with a new skin, a covering that is by no means decoration or an accessory, nor does it constitute an 'additional' function but is welded into a fundamental organic unity with the staging and building. Now, paradoxically, what the work simulates in its relationship with the architecture is nothing other than nature: the artwork extends beyond the confines of the given space – the walls of the church – and provides a glimpse of the nature beyond them.

The narration of time is a fundamental element in painting, firstly in an illustrative sense. Religious scenes come to mind, where distinct episodes follow one another in time so that the element of becoming is introduced into the very structure of the work, rather like the futuristic dynamic of simultaneity. The contemporary conceptual artist Roman Opalka 'counted', so to speak, the passing of time in his art and in his own life by painting day by day until he died a monumental series of numbers from one to infinity. Caspar David Friedrich,[10] the German painter of landscapes suspended between atmospheric weather and a sublime perception of nature, answered his own question: 'Is it humans who dominate time or time that dominates humans?', by saying 'people are not that free', thus recognising also in painting the existence of a sort of Kantian 'a priori'. Moreover, according to the words of Friedrich Schiller, philosopher of the aesthetic of the sublime, time is the tragic dimension that allows us to perceive the real beauty of things in their transience, in the fullness of their being. But as an ideal category subject to reason, 'silent and implacable' time ceases to be 'frightening' and becomes part of the contemplative sublime, where

Atelier dell'artista
Artist's atelier

drich Schiller, il tempo è la tragica dimensione che permette di percepire la reale bellezza delle cose, nella loro caducità, nella pienezza del loro essere. Ma, come categoria ideale soggetta alla ragione, il tempo "silenzioso e implacabile" smette di essere "spaventoso" e rientra nel sublime contemplativo, laddove riusciamo a spegnere l'immaginazione e riusciamo a "permanere in uno stato di tranquilla contemplazione"[11].

Il cielo ritrovato sembra connettersi a queste riflessioni e richiama una progressione di momenti mutevoli di cui l'artista va in cerca da diverse stagioni della sua attività. Le nubi su cui Fanari vuole che appuntiamo il nostro sguardo sono per definizione cangianti, nella forma e nel colore, e tuttavia suscettibili di descrizione tassonomica. Il soffitto architettonico della chiesa si trasforma con l'opera di Fanari in un portale visivo e temporale che racchiude orizzonti in divenire di esperienze di nuvole. Queste mutazioni seguono il ritmo dei settantadue pannelli di cui l'opera è composta, inscenando una trasfigurazione collettiva della nostra idea di cielo, obbligandoci a recuperare dalla visione distratta uno sguardo costruttivo. Un'immensa operazione di filtro di tutte le nostre reminiscenze di cieli, messa alla prova da colori pop, carichi, eppure verosimil-

we succeed in suspending the imagination and 'remaining in a tranquil, contemplative state'.[11]

The Rediscovered Sky seems to connect with these reflections and looks back on a series of mutable moments Fanari has sought at various phases of his career. The clouds he wants us to focus on are by definition iridescent in shape and colour and yet open to a taxonomic description. The architectural ceiling of the church is transformed by Fanari's art into a visual and temporal portal that encompasses horizons on the verge of experiencing clouds. These changes follow the rhythm of the seventy-two panels that make up the painting, collectively staging a transformation of our idea of sky, compelling us to substitute our distracted way of seeing with a constructive gaze. It is an immense operation that filters our recollections of skies, put to the test by the intense Pop Art colours and yet still possible: who has never seen a fuchsia or yellow sky? Time is addressed twice in this work: firstly as a moment of active perception, which entails observing in measured movements, namely the continuous action of looking in repeated, instantaneous glances; and secondly, as the surfacing of memory from the diachronic unfolding of existence. For this reason, the sky is more than ever dreamlike and surreal, it summons from within each of us an imag-

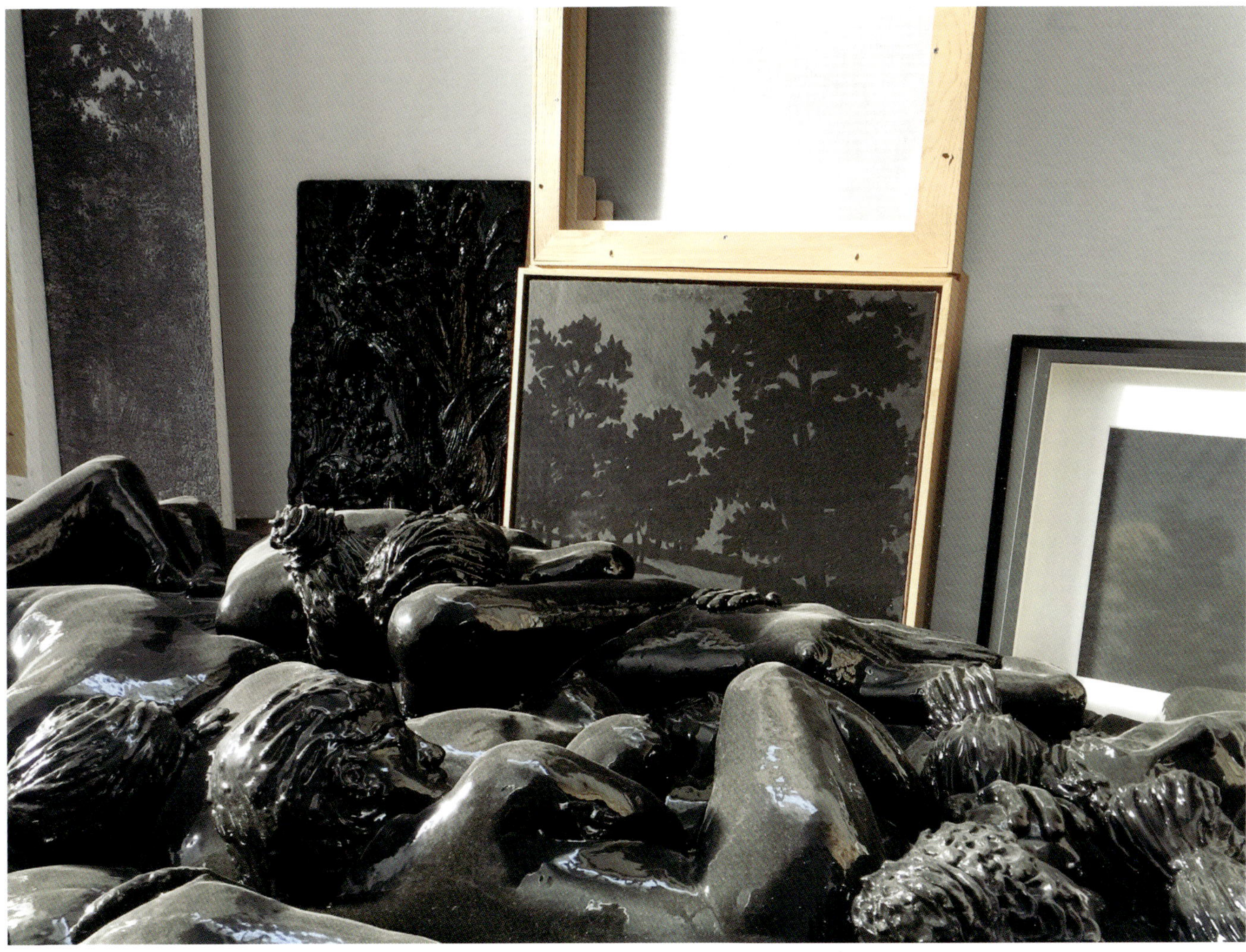

mente possibili: chi non ha mai visto un cielo fucsia o giallo? Il tempo in questo lavoro di Fanari è chiamato in causa due volte: come momento della percezione attiva, che comporta un'osservazione scandita dei movimenti, quale azione perdurante dell'osservazione che si attua in ripetuti e istantanei *glances*; e come emersione del ricordo dal trascorrere diacronico dell'esistenza. Per questo più che mai il cielo è onirico e surreale, richiama in ciascuno di noi un potenziale immaginativo che viene prepotentemente destato dalla semplicità, dalla forza della visione. Non possiamo non ricordare le parole di Gaston Bachelard quando parla di immaginazione aerea[12], concetto in cui l'epistemologo francese applica la sua categoria della *rêverie*[13] nella poesia come nella pittura, e asserisce che il cielo azzurro è così semplice "da farci pensare di non poterlo onirizzare senza materializzarlo". La sostanza dell'aria di Fanari è invece una dematerializzazione, è guardare oltre le nubi che apparentemente non offrono resistenza, e provocare una *Einfühlung*, un'empatia o "fusione" (nel termine di Bachelard) tra l'osservatore e l'universo meno differenziato possibile, infinito.

Insita nella ricerca di Fanari, che pure si affida a forme-guida, è in realtà la ricerca di un assoluto indifferenziato, il minimo della sostanza, con cui indicare vigorosamente la sua idea di cielo o di natura. Corollario dell'installazione aerea sono dunque una serie di tele monocrome, che sottolineano gli sfondati delle pareti perimetrali della chiesa, e un progetto di cielo affidato a una pannellatura antistante alla vetrata absidale. Questo grande disegno dal titolo *La forma del mio cielo* (2019) è realizzato a carboncino su tavole di legno preparate a gesso (5 tavole ognuna di 1 × 1,70 m). Si tratta forse della prima volta in cui Fanari utilizza terminologia e tecniche attinenti al disegno, e lo fa in un modo che sottolinea il carattere progettuale originario della sua ricerca, volta a cogliere l'essenziale in maniera dirompente, attraverso aspetti apparentemente antitetici. Il *medium* del carboncino, ad esempio, normalmente utilizzato per schizzi di dimensioni ridotte, è qui riportato su una pannellatura larga quasi quanto la chiesa stessa, applicato su un fondo di gesso che ricorda il trattamento delle pareti prima dell'affresco. La trama lineare del cielo viene per così dire estratta dall'installazione nel disegno, mentre l'elemento coloristico viene riproposto in frammenti di cielo alle pareti, composti con una ricerca numerico-dimensionale che li vede abbinati in dittici o trittici. I monocromi fucsia e gialli dal titolo *Colore puro* e *Cielo – Simulacrum* (2019, acrilico su

inative potential that is overwhelmingly aroused by simplicity, by the power of vision. We cannot fail to recall the words of French epistemologist Gaston Bachelard when he spoke of aerial imagination,[12] a concept within which he applied his category of *rêverie*[13] in relation to both poetry and painting, claiming that the blue sky is so simple that 'it makes us think we cannot dream of it without materialising it'. Fanari's air, however, is a substance that dematerialises; it allows us to look beyond the clouds, which apparently offer no resistance and induce an *Einfühlung*, an empathy or 'fusion' (to use Bachelard's term) as undifferentiated as possible, infinite, between the observer and the universe.

Inherent in Fanari's work, which also relies on guiding forms, is in effect the search for an undifferentiated absolute, a minimum of substance with which to vigorously demonstrate his idea of sky or nature. A corollary of the aerial installation is therefore a series of monochrome canvases that emphasise the breaks in the perimeter walls of the church, and a large drawing of sky on panelling located in front of the apse window. Entitled *The Shape of my Sky* (2019) and made in charcoal on gessoed wooden panels (5 panels, each 1 × 1.70 m), this is perhaps the first time that Fanari uses terminology and techniques related to drawing, and he does so in a way that underlines the original nature of his research, aimed at capturing the essential in a destabilising way, through apparently antithetical aspects. For example, the medium of charcoal, normally used for small sketches, is displayed here on panelling almost as wide as the church itself and applied to a gesso base that recalls the preparatory treatment of walls before frescoing. The linear format of the sky in the drawing seems to derive from the installation, whereas the element of colour is present again in fragments of sky arranged on the walls according to a numerical-dimensional approach that combines them in diptychs or triptychs. The fuchsia and yellow monochromes entitled *Pure Colour* and *Sky – Simulacrum* (2019, acrylic on canvas, various dimensions) reveal the 'true' colour of air in an original, apparently lighthearted colour range, which here as elsewhere continues to make us look at things differently. Colour is not an optical phenomenon for Fanari, although he shows it to us with Pantone-like clarity. Rather, it represents an indefatigable desire to see reality above all through art, in a Goethe-inspired understanding of nature as being inextricably linked to artistic experience. In his *Theory of Colours*,[14] Goethe negatively criticises the Newtonian conception of optics, which, as we know, was to become central to the scientific discus-

***Nella mia foresta series* / *In my Forest Series*, 2013**
(FA - 002)

Foglio di alluminio.
Chiesa di Sant'Agostino,
Pietrasanta (Lucca)
Aluminium foil.
Church of Sant'Agostino,
Pietrasanta (Lucca)

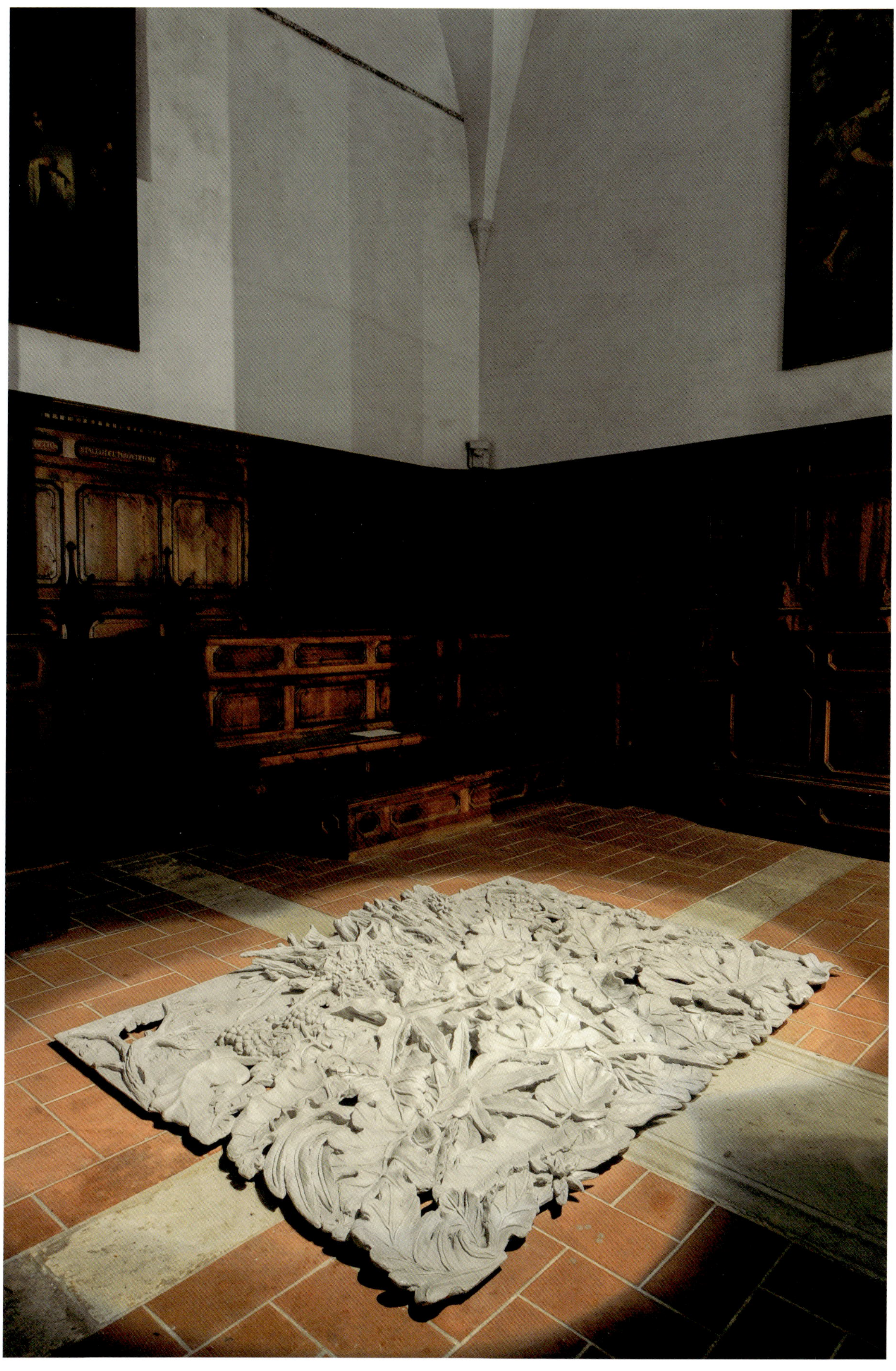

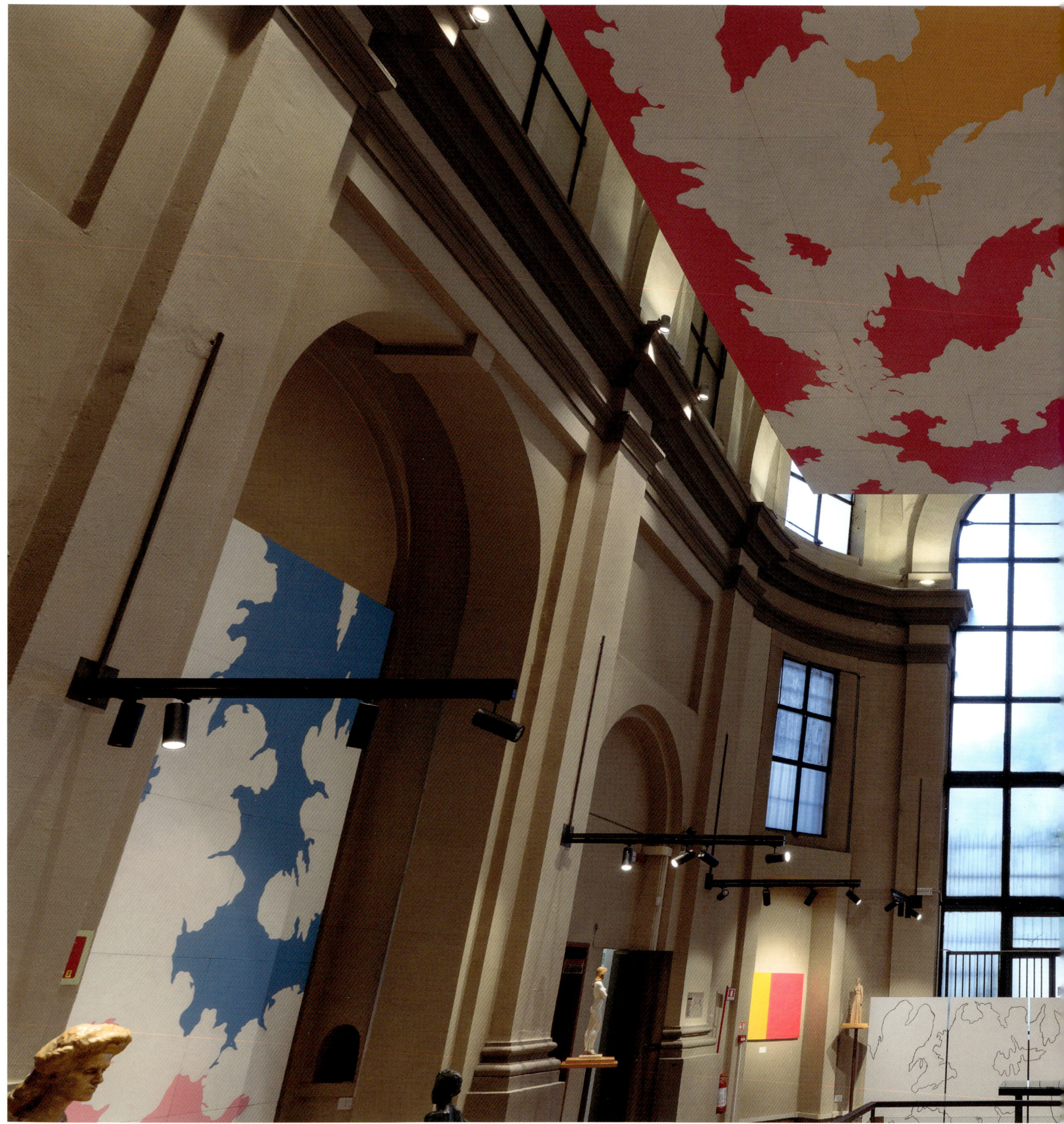

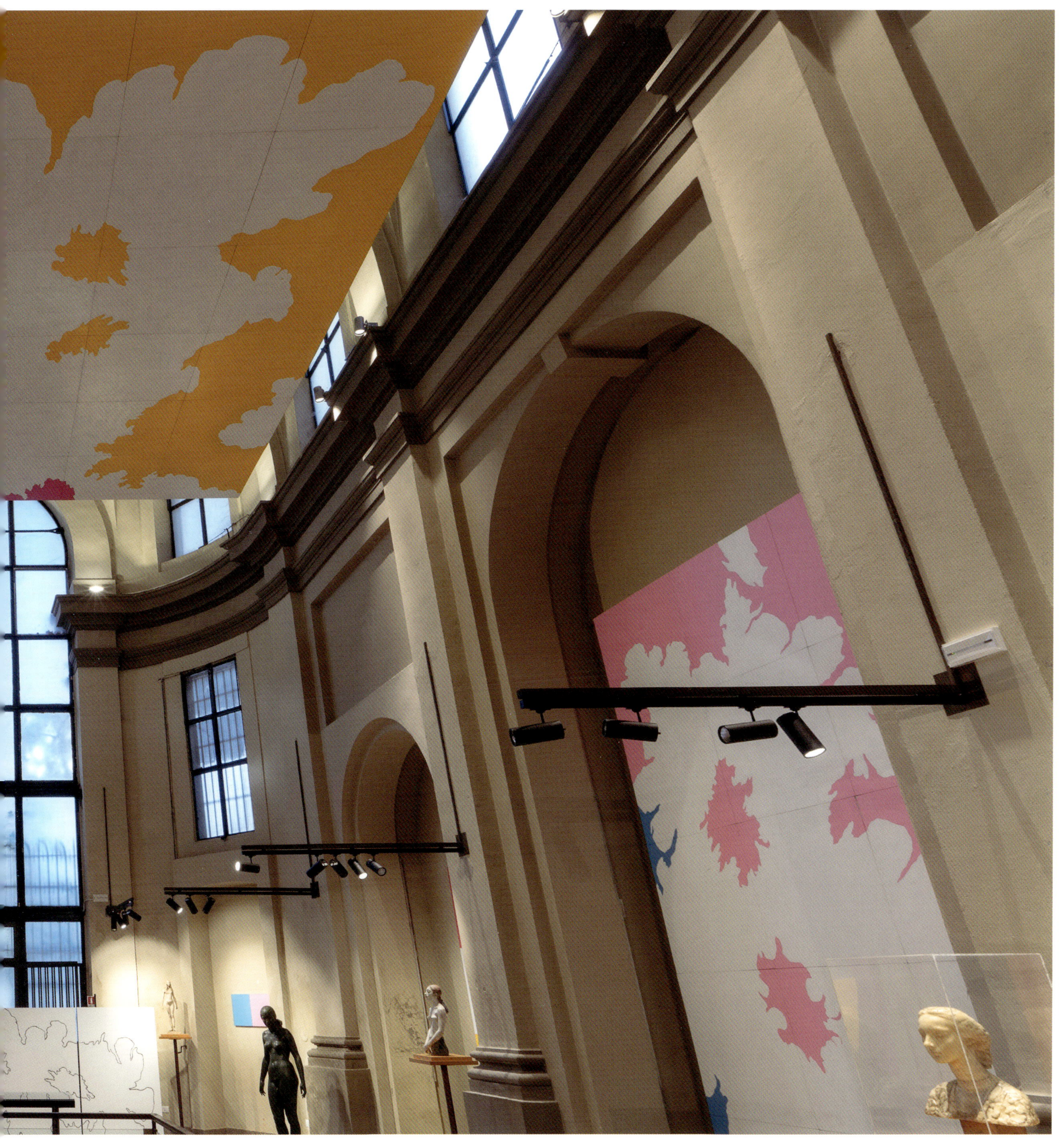

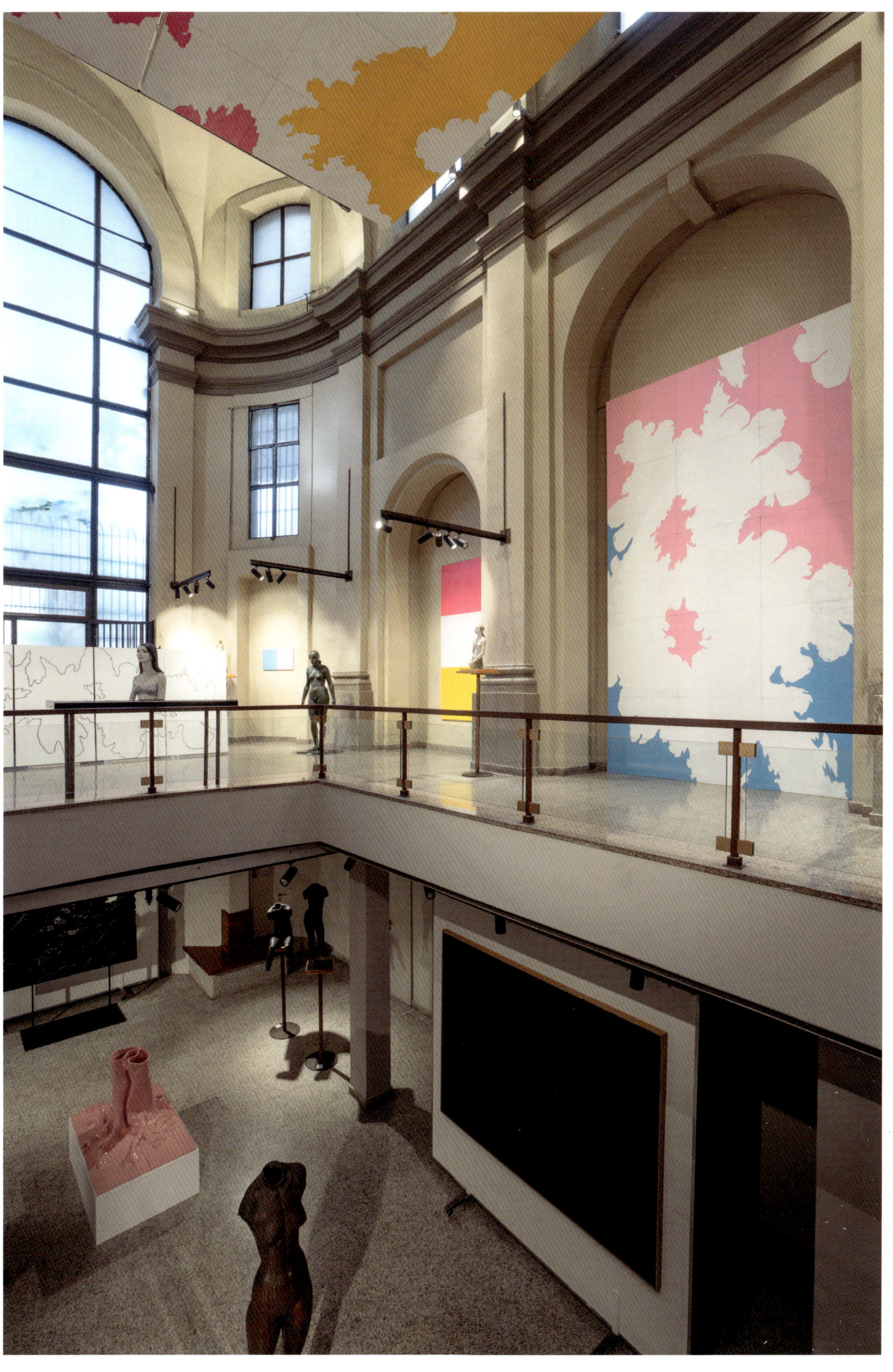

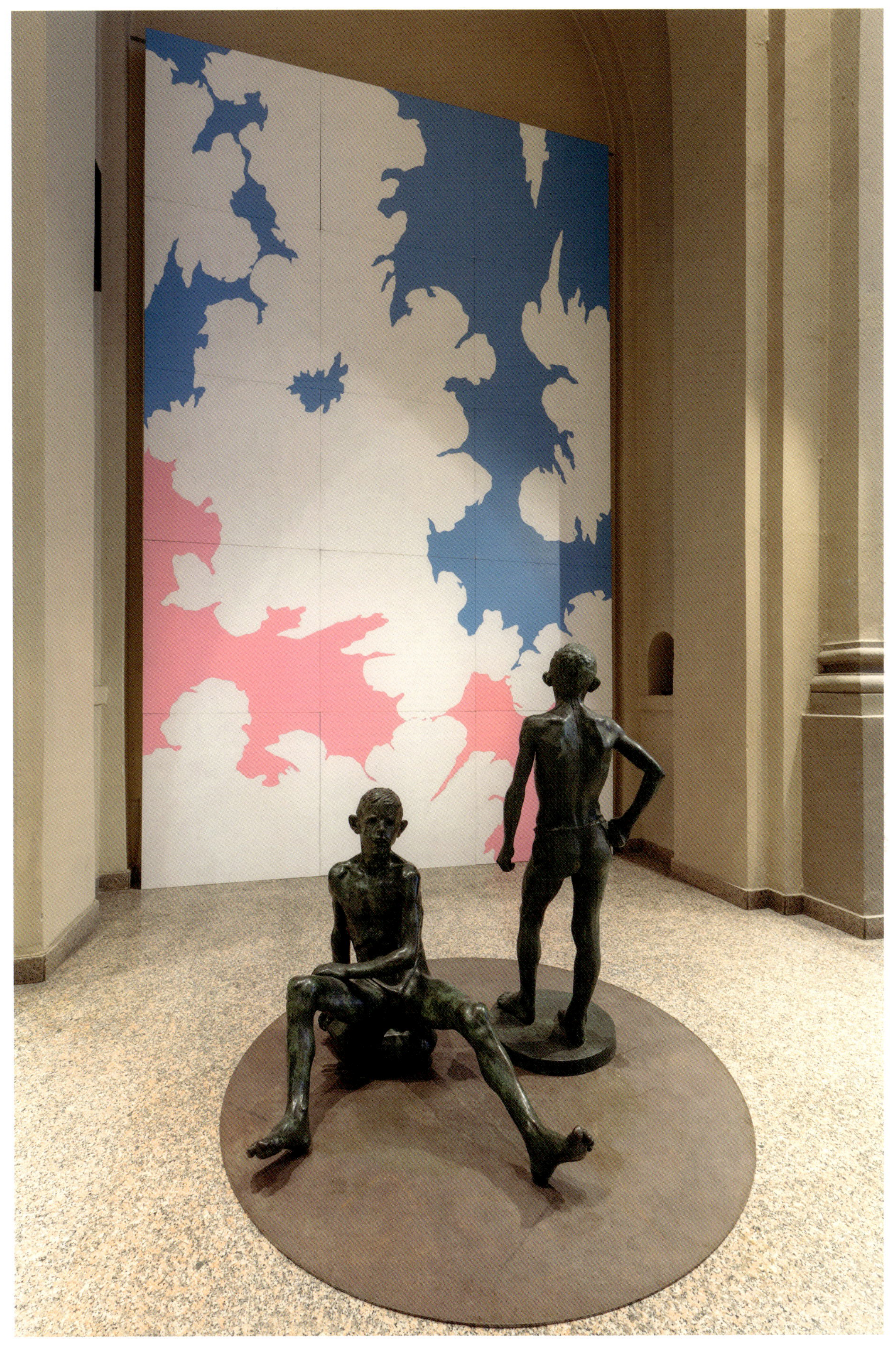

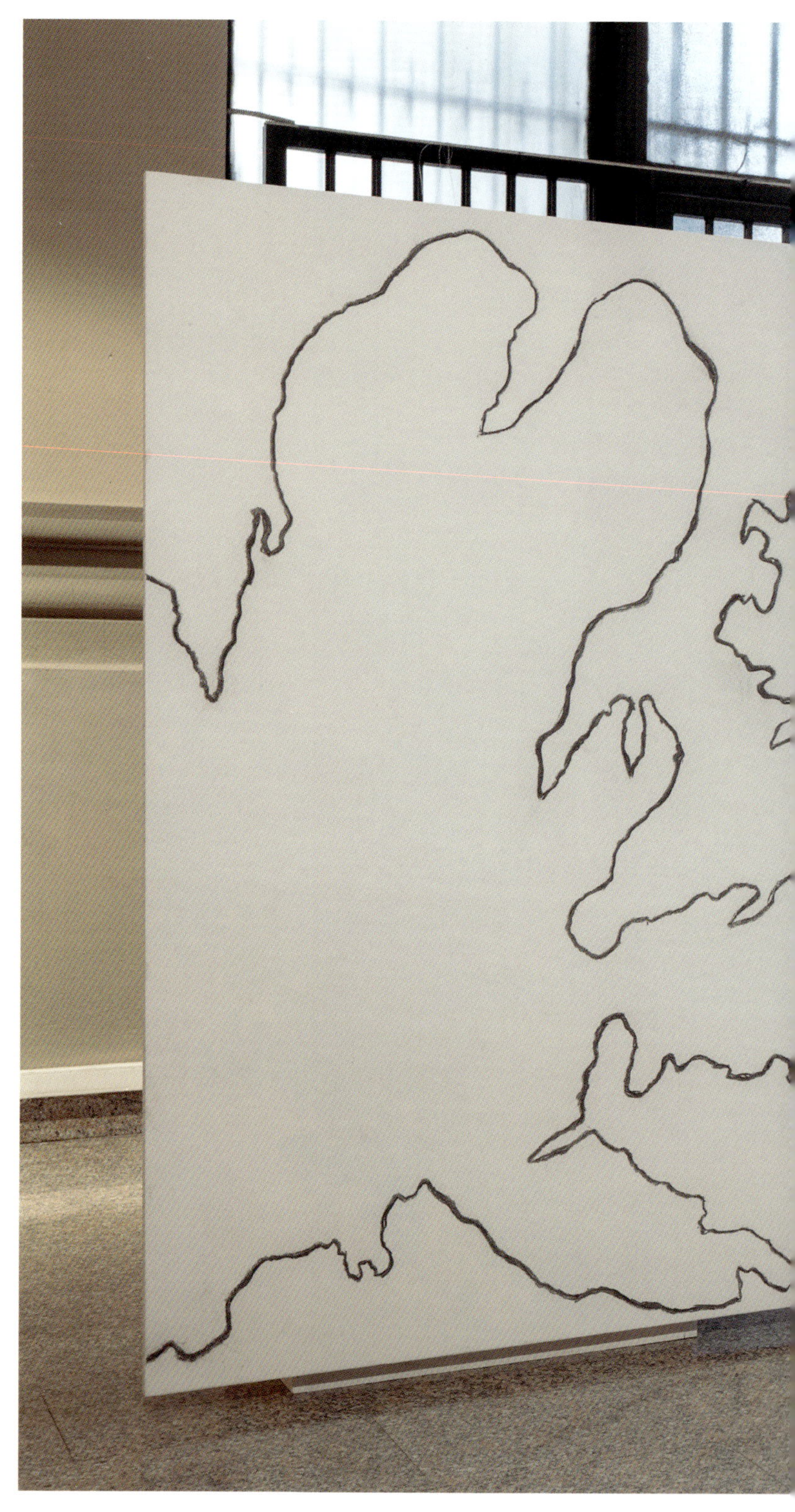

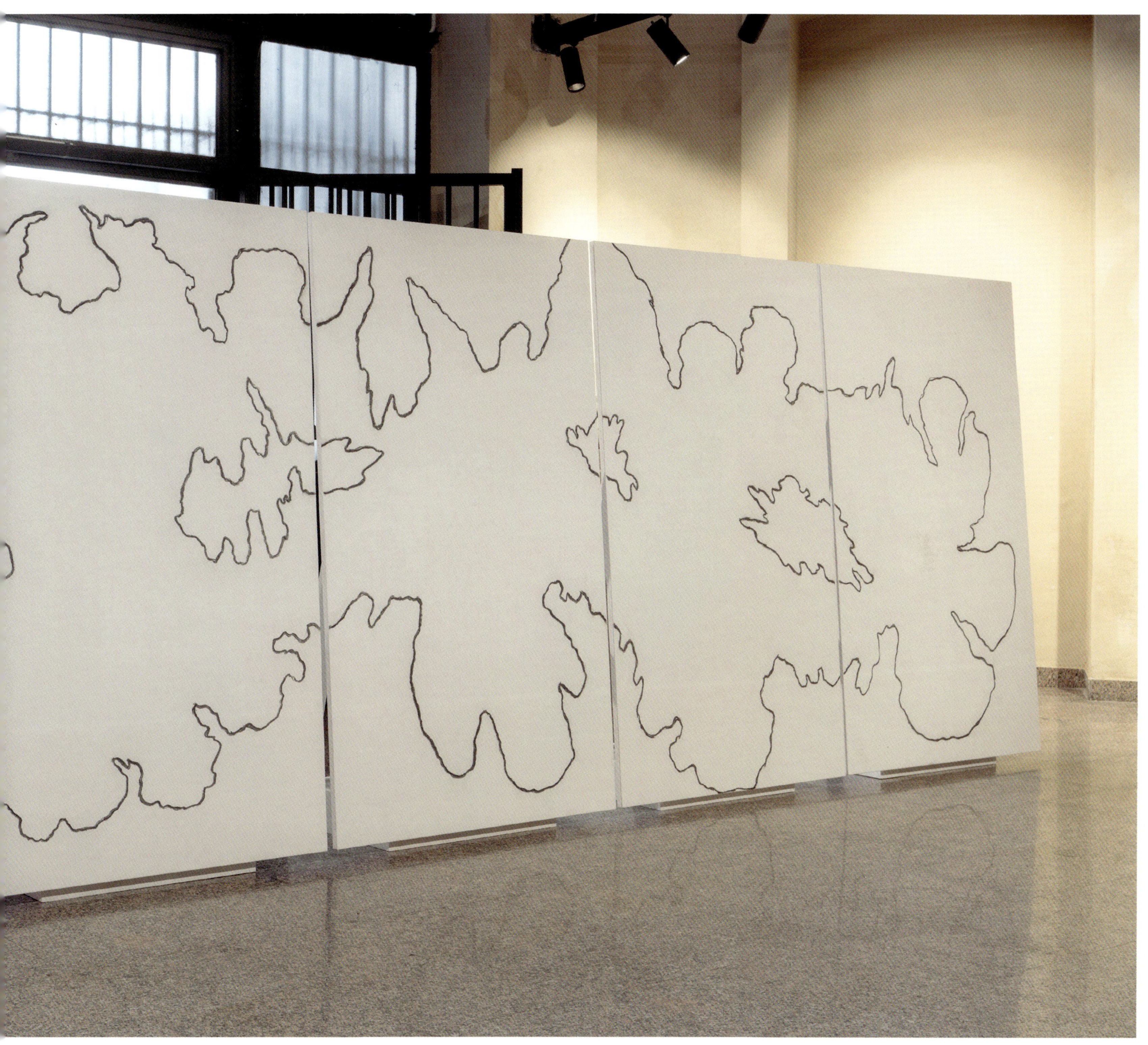

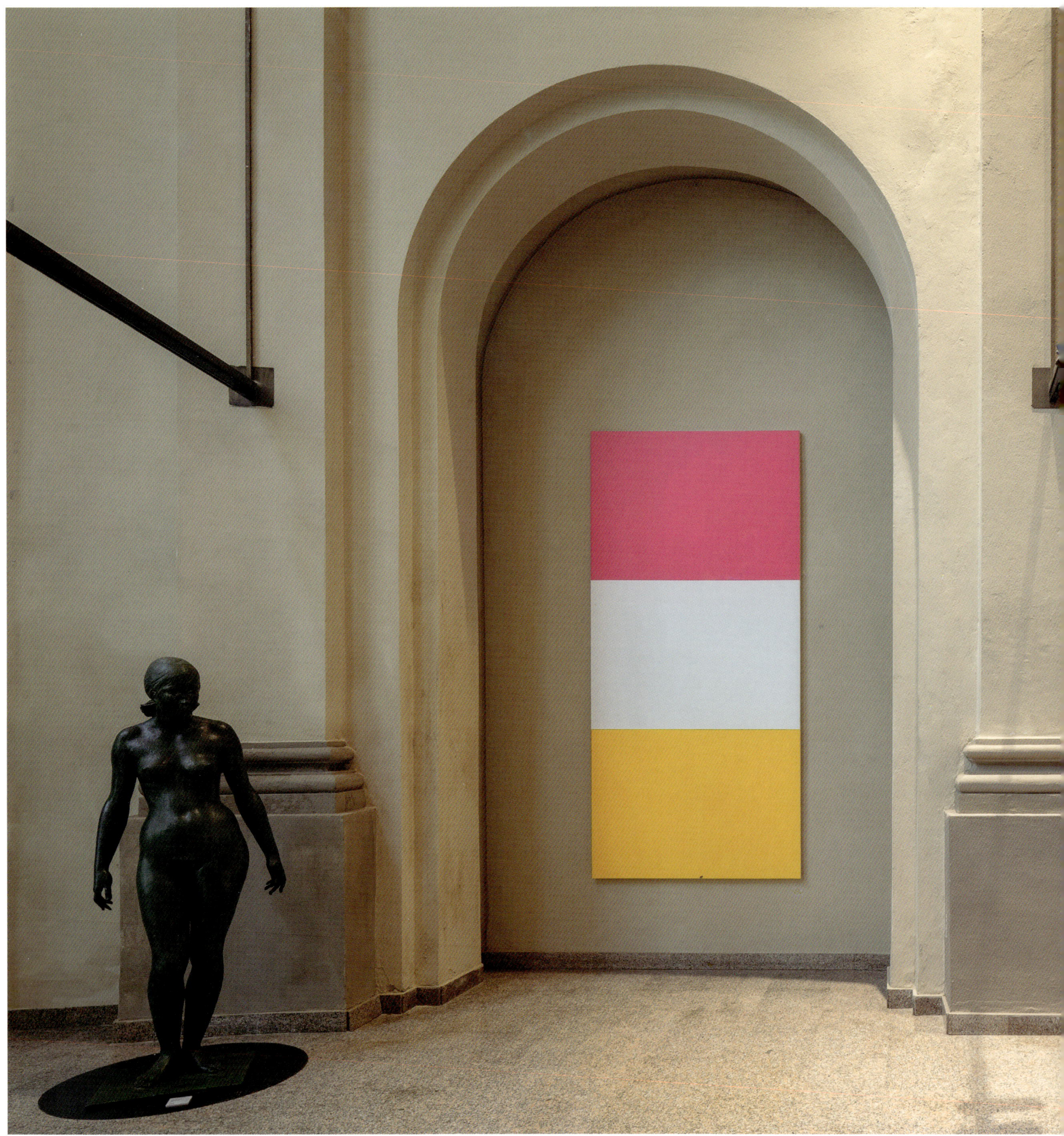

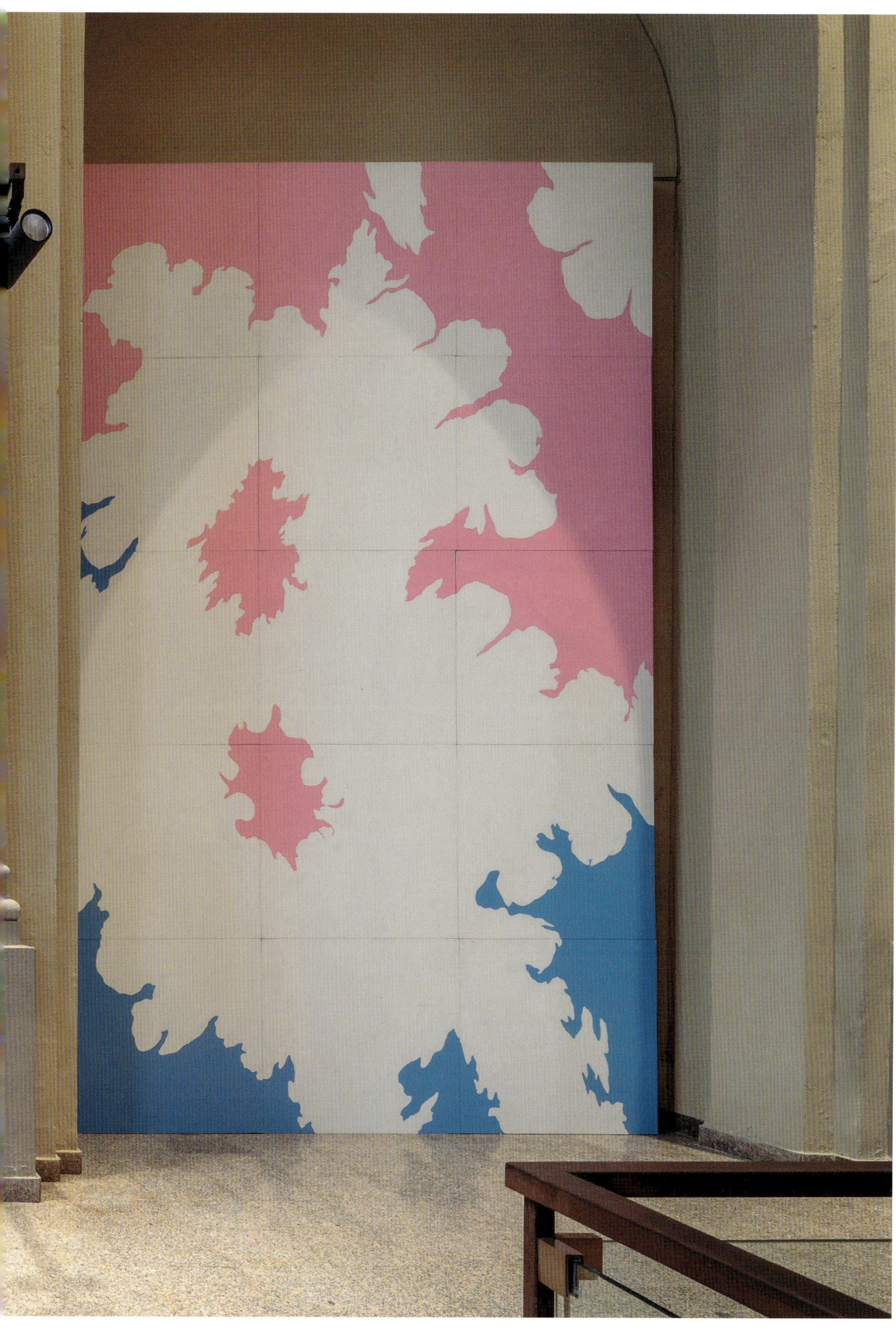

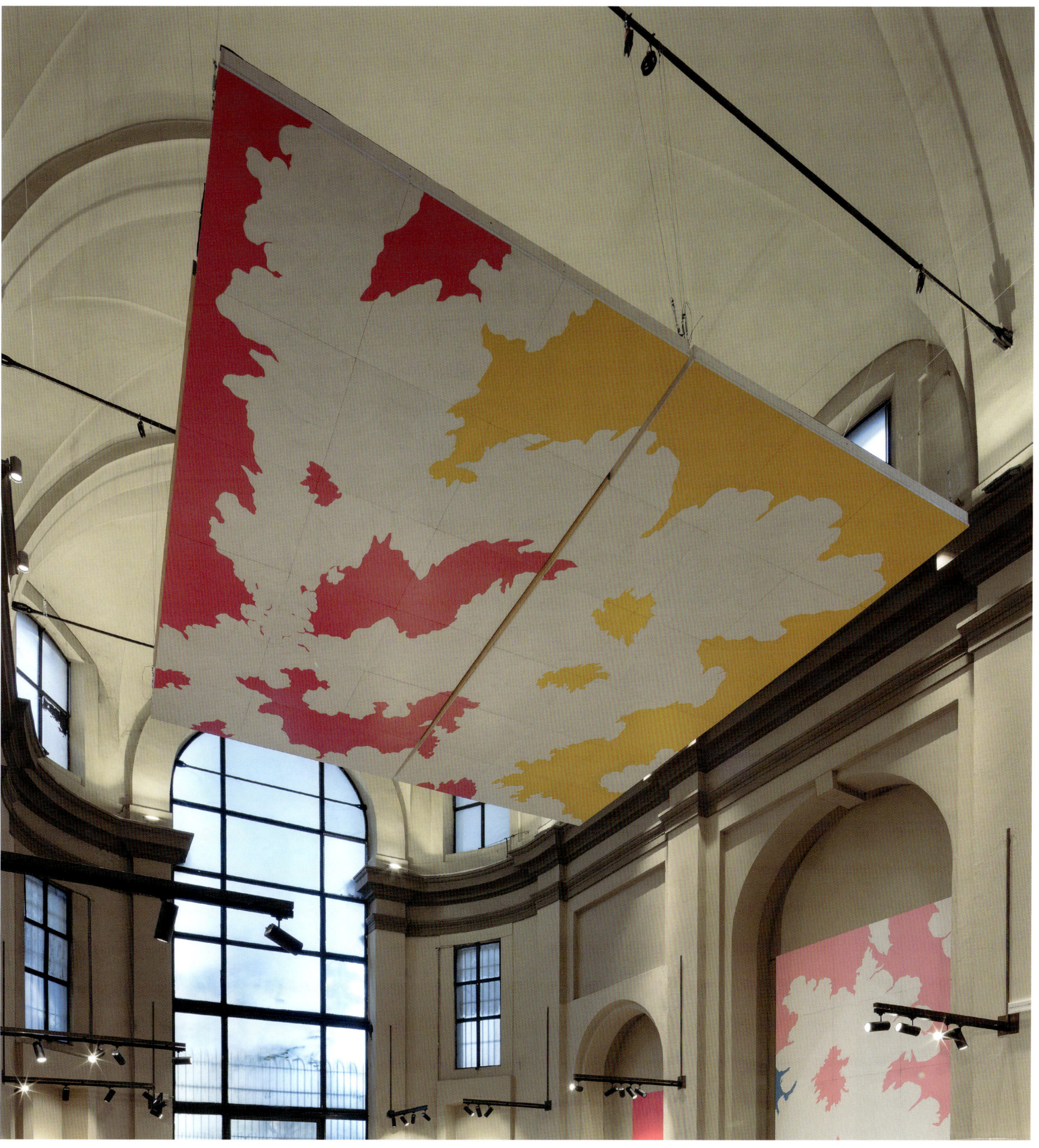

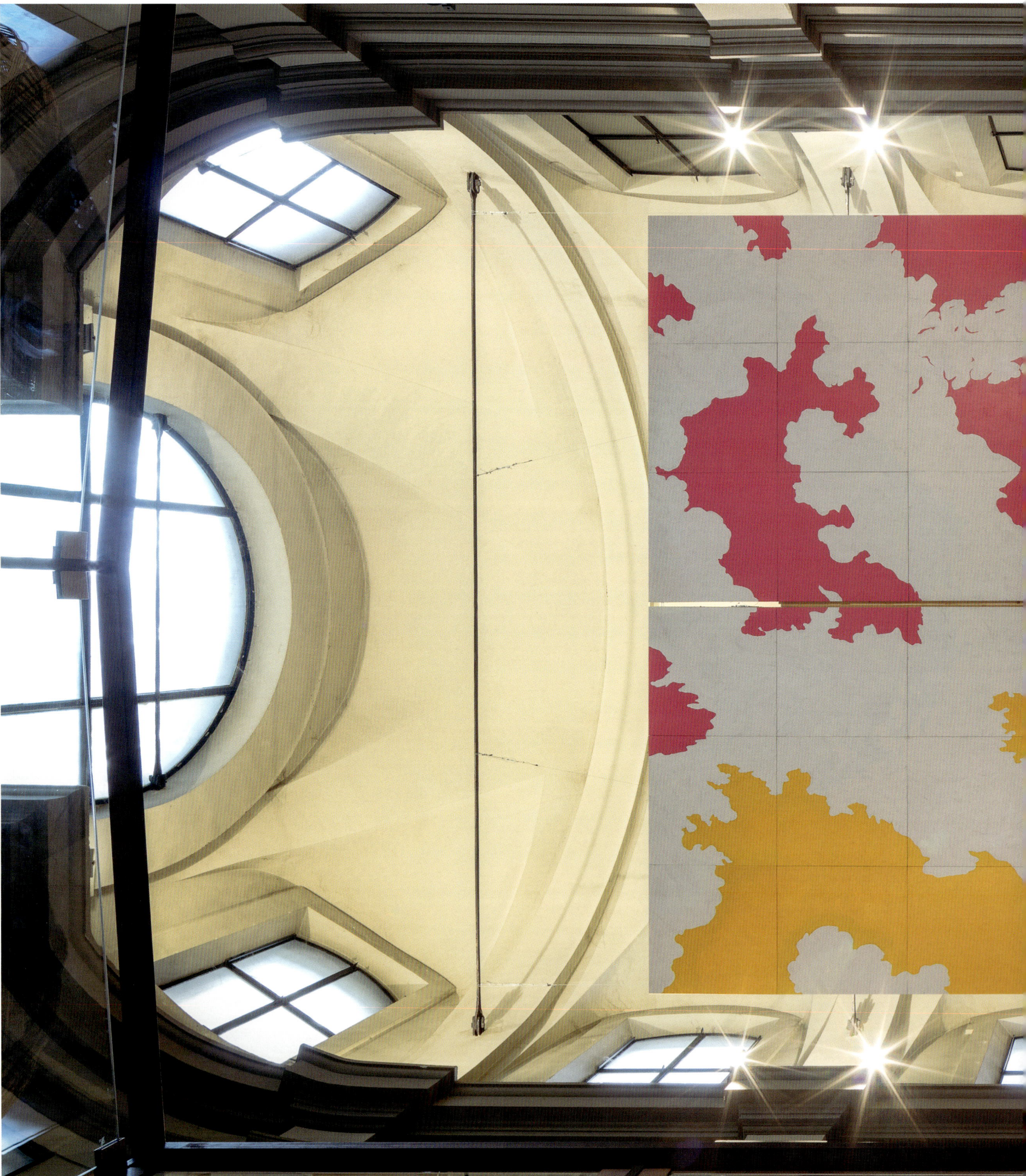

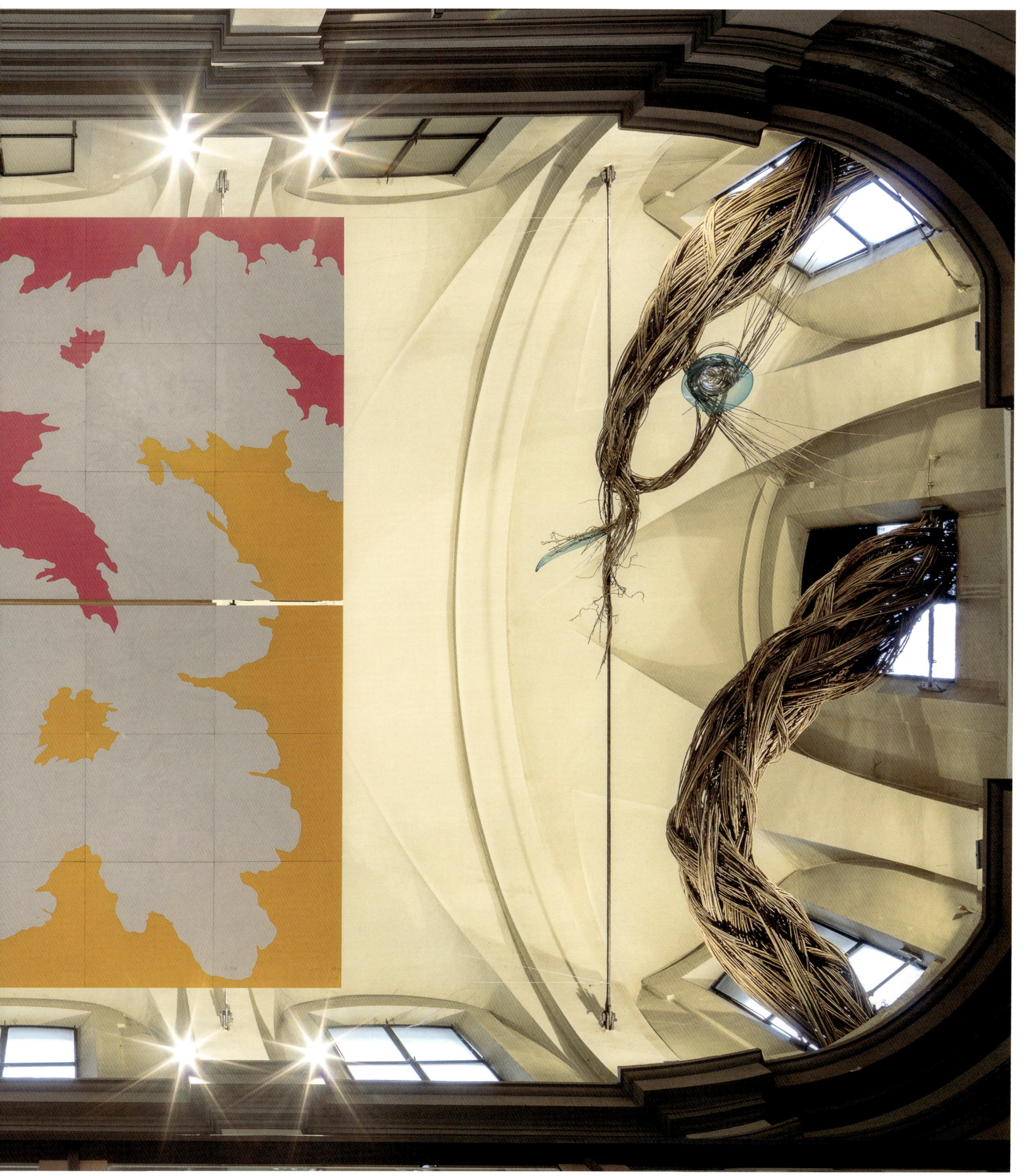

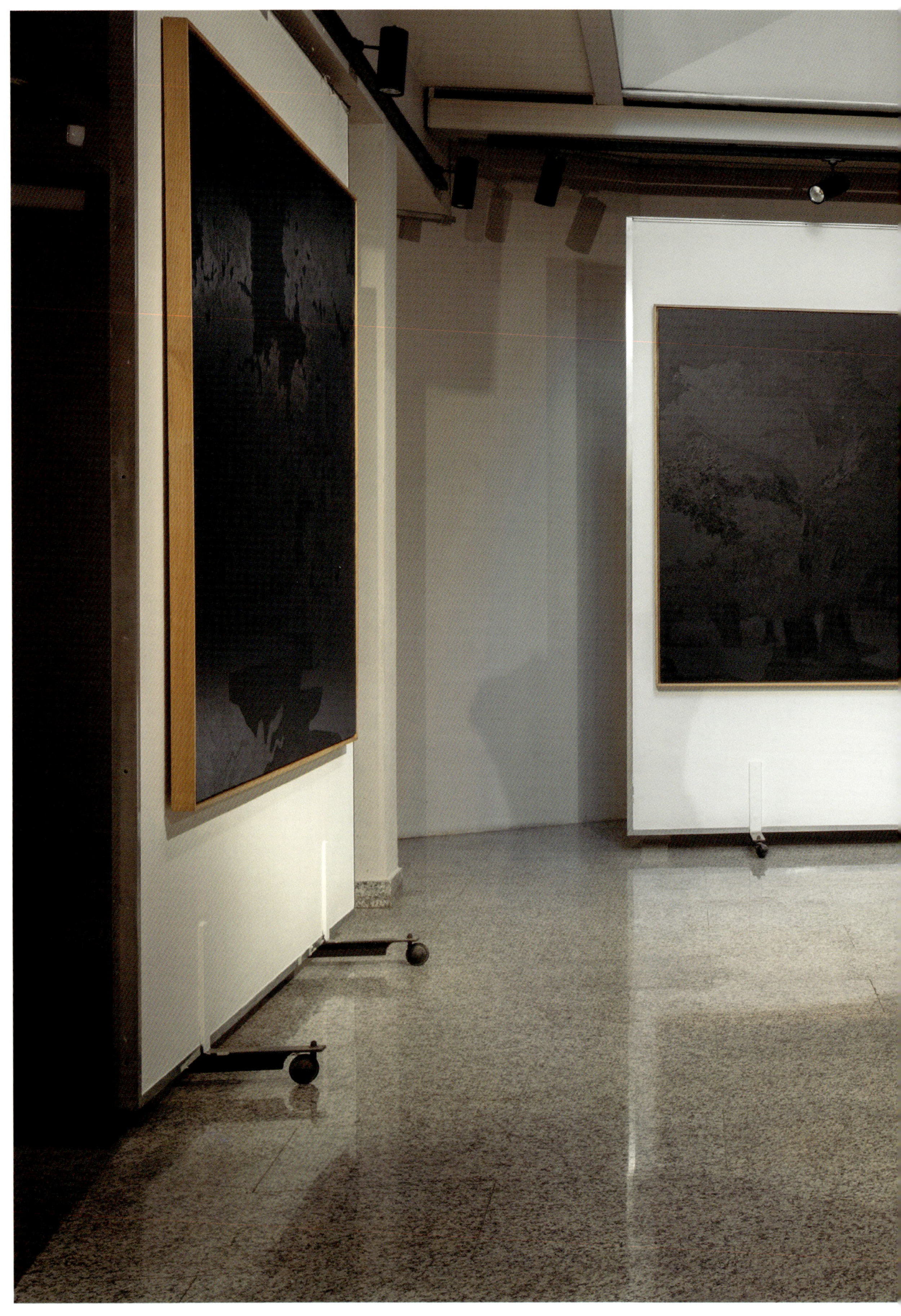

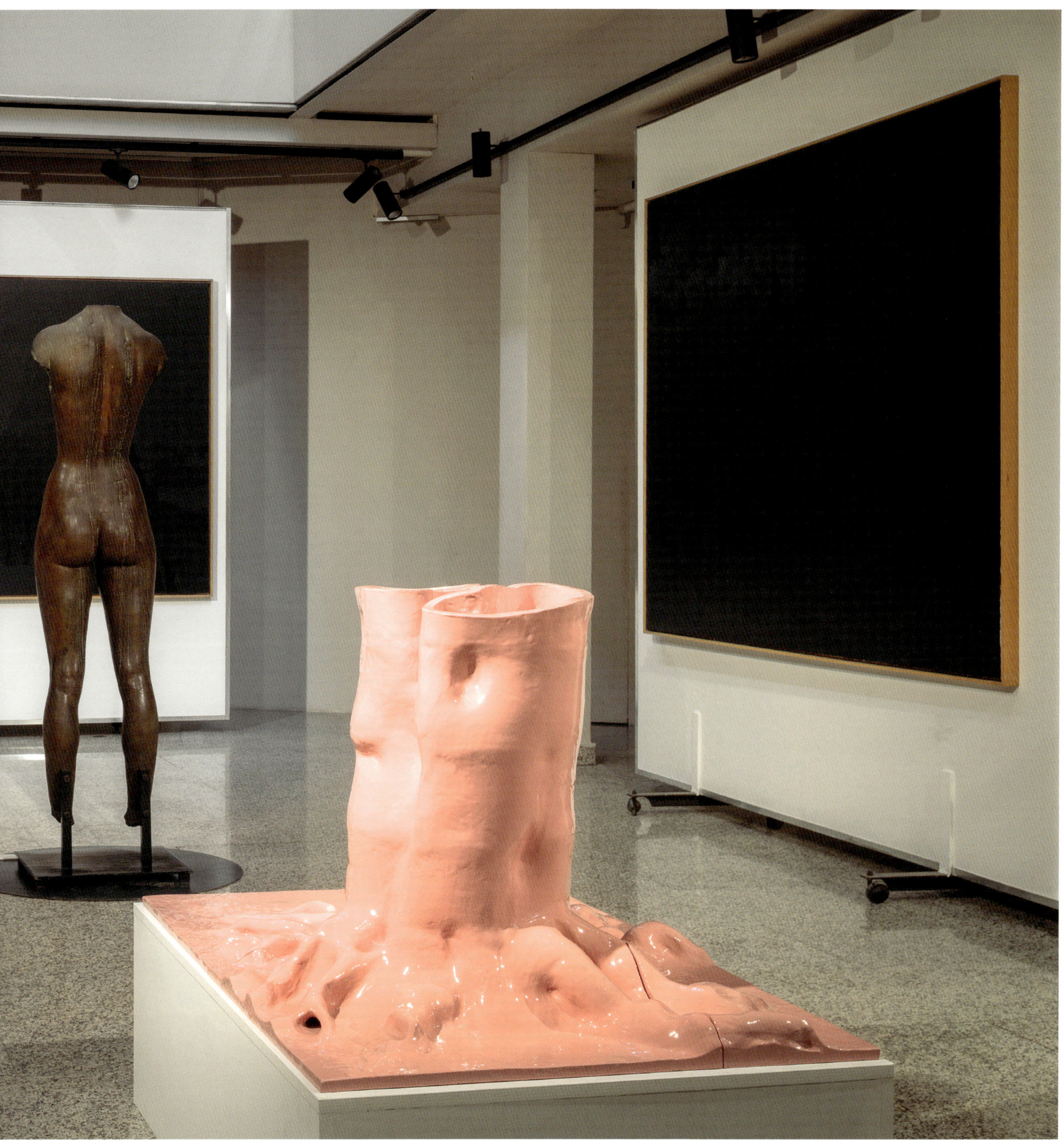

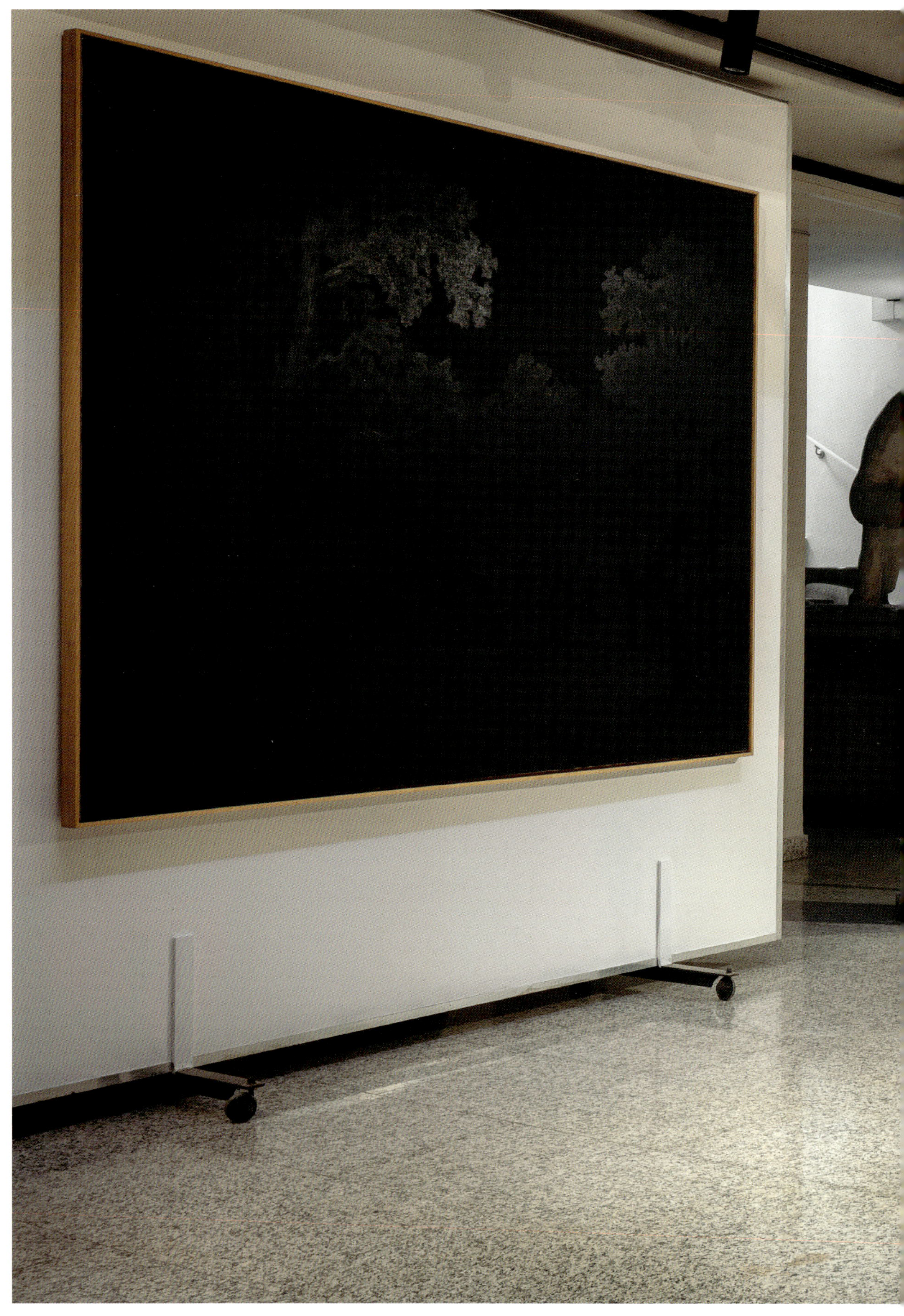

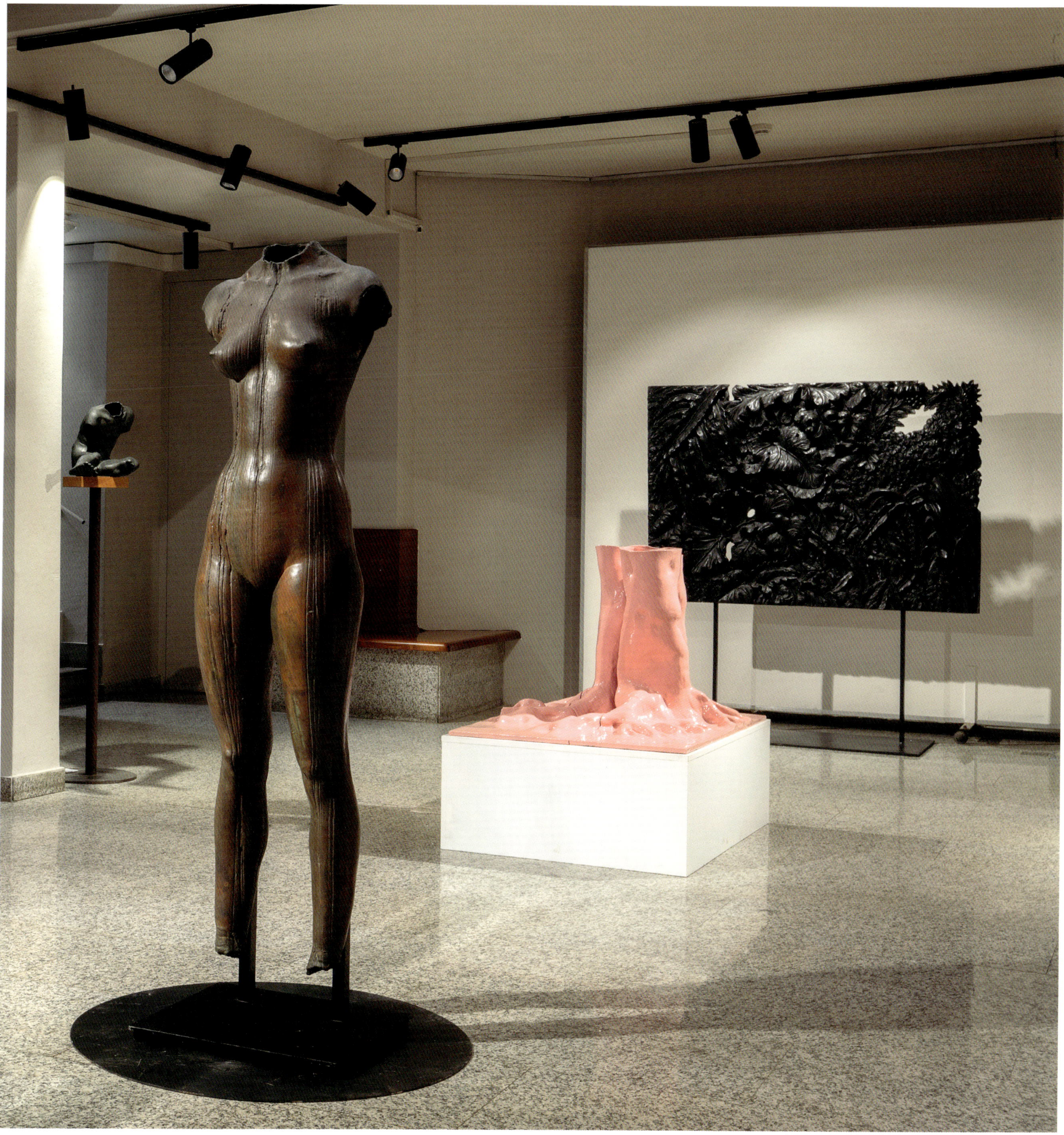

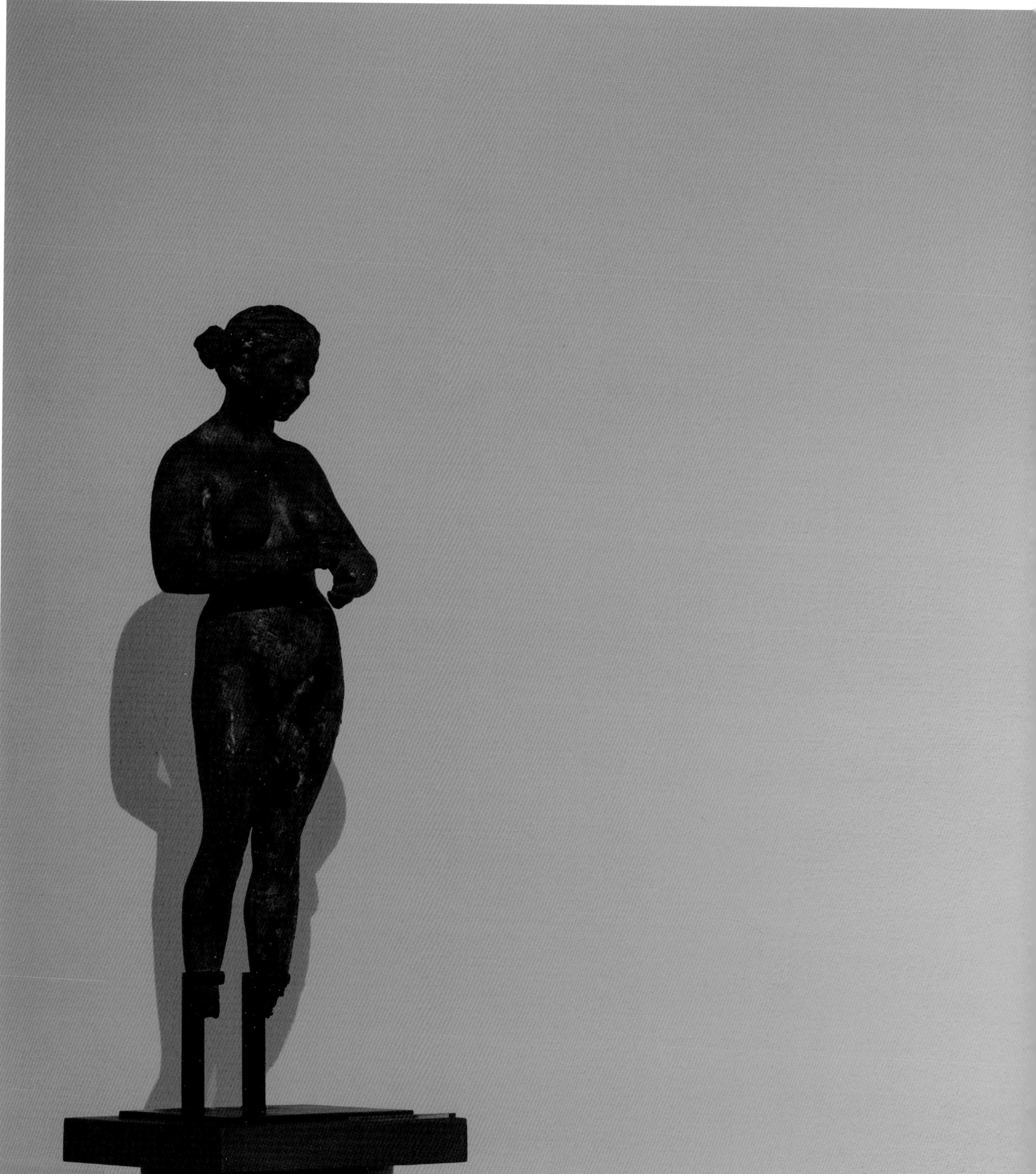

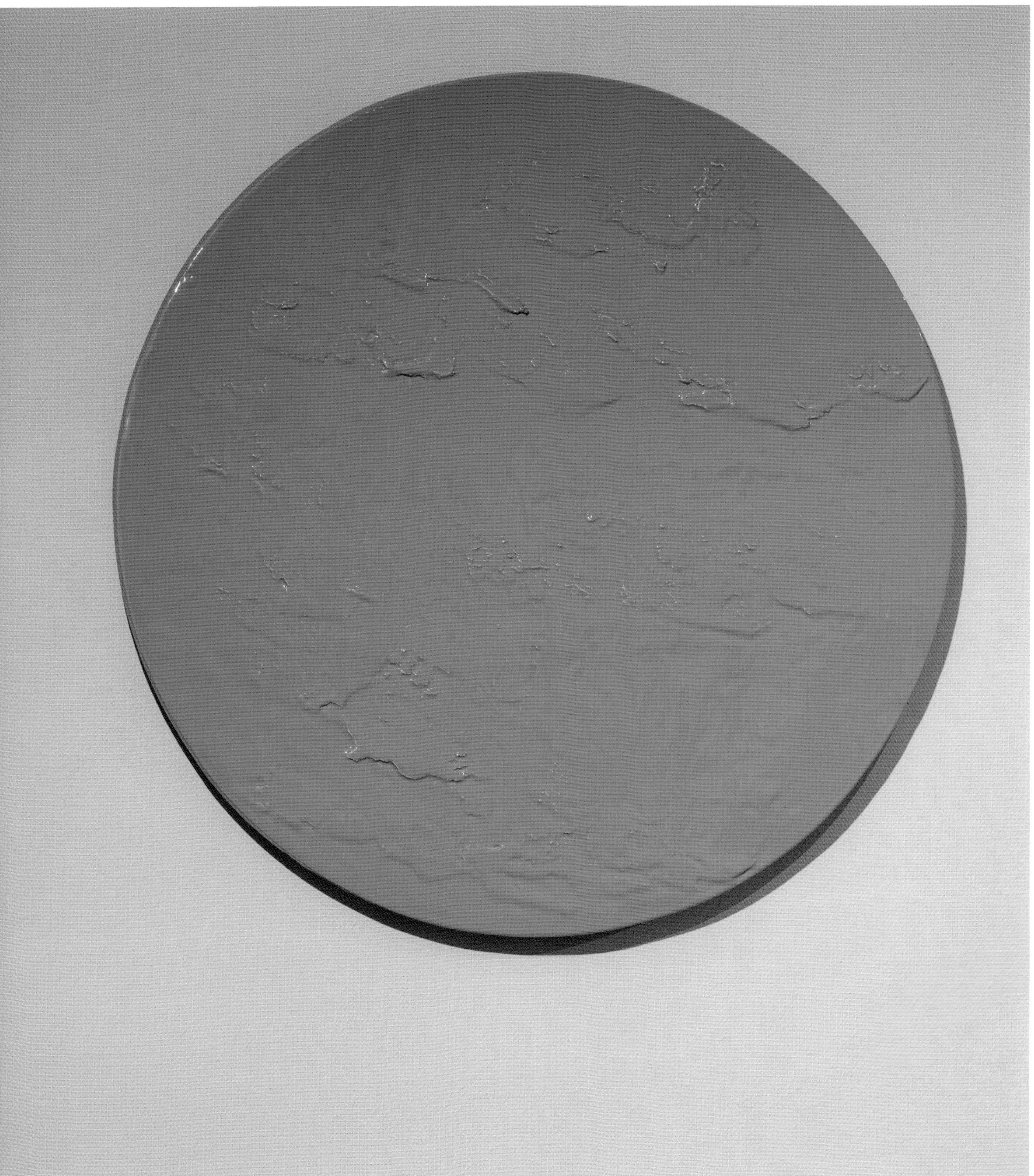

Opere
Artworks

***Paesaggio invisibile / Hidden Landscape*, 2014**

Tecnica mista su tela / mixed media on canvas
170 × 220 cm (PI – 014)

***Paesaggio invisibile / Hidden Landscape*, 2014**

Tecnica mista su tela / mixed media on canvas
170 × 220 cm (PI – 011)

Paesaggio invisibile / Hidden Landscape, 2014

Tecnica mista su tela / mixed media on canvas
165 × 240 cm (PI – 013)

Foglio di bronzo / Bronze Folio
***Nella mia foresta series / In my Forest Series*, 2012**

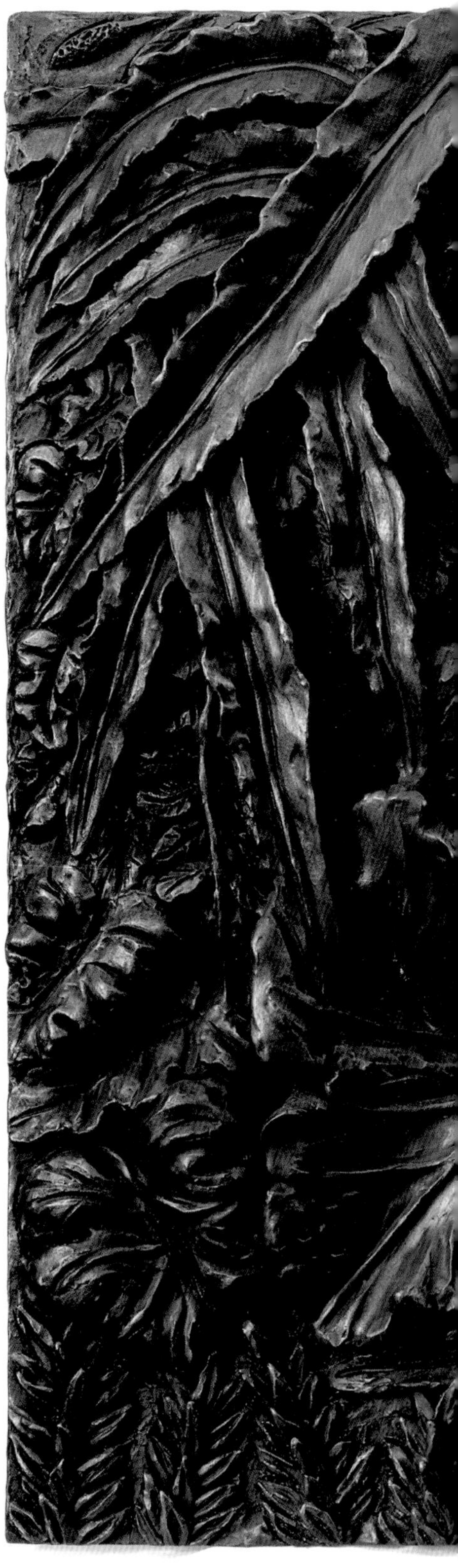

Bronzo / bronze
102 × 133 cm (FB – 017)

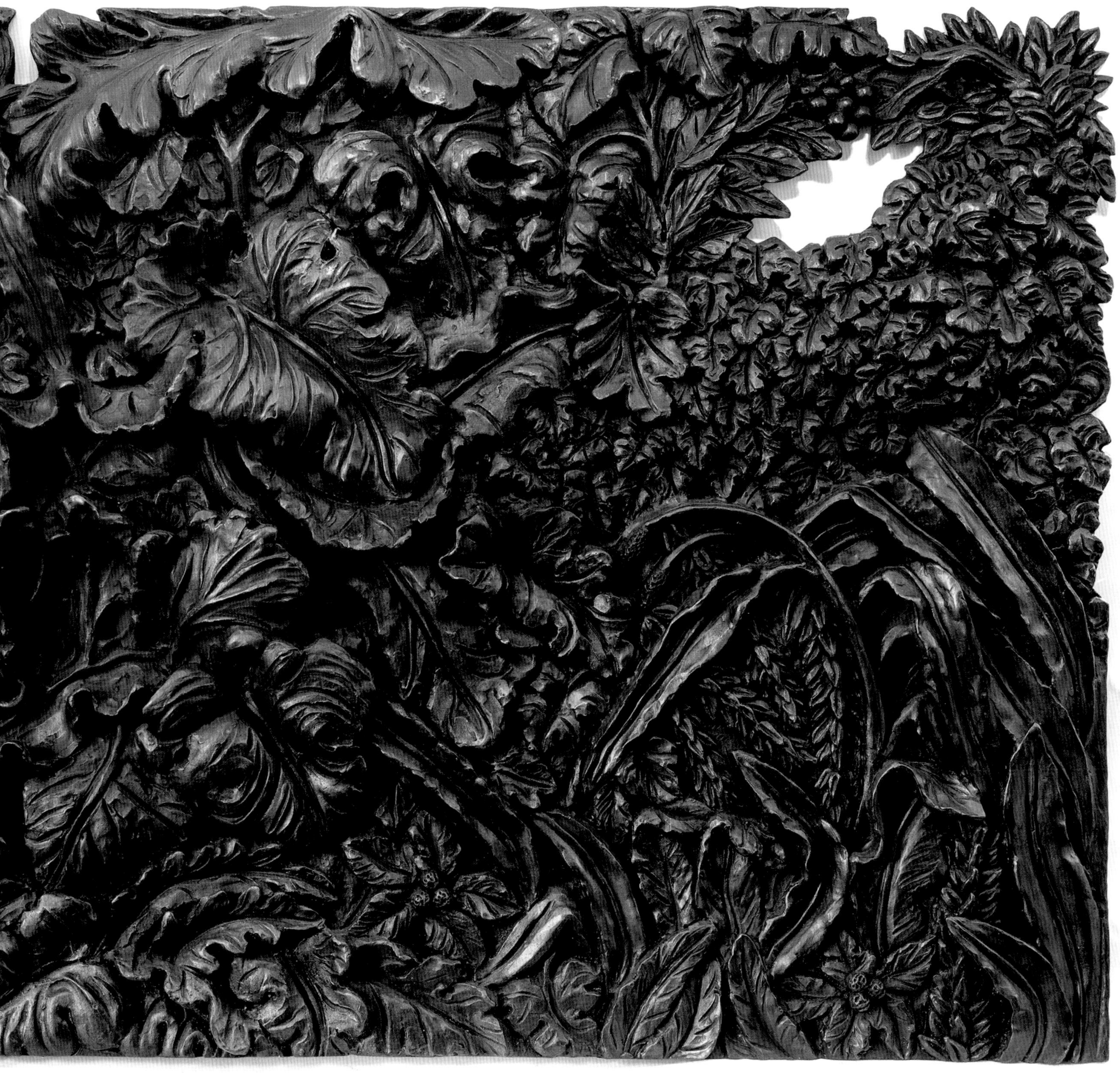

***Cielo – Simulacrum / Sky – Simulacrum*, 2019**

Tecnica mista su tela (trittico) / mixed media on canvas (triptych)
156 × 77 cm (52 × 77 cm cad / each) (C-Aa 019)

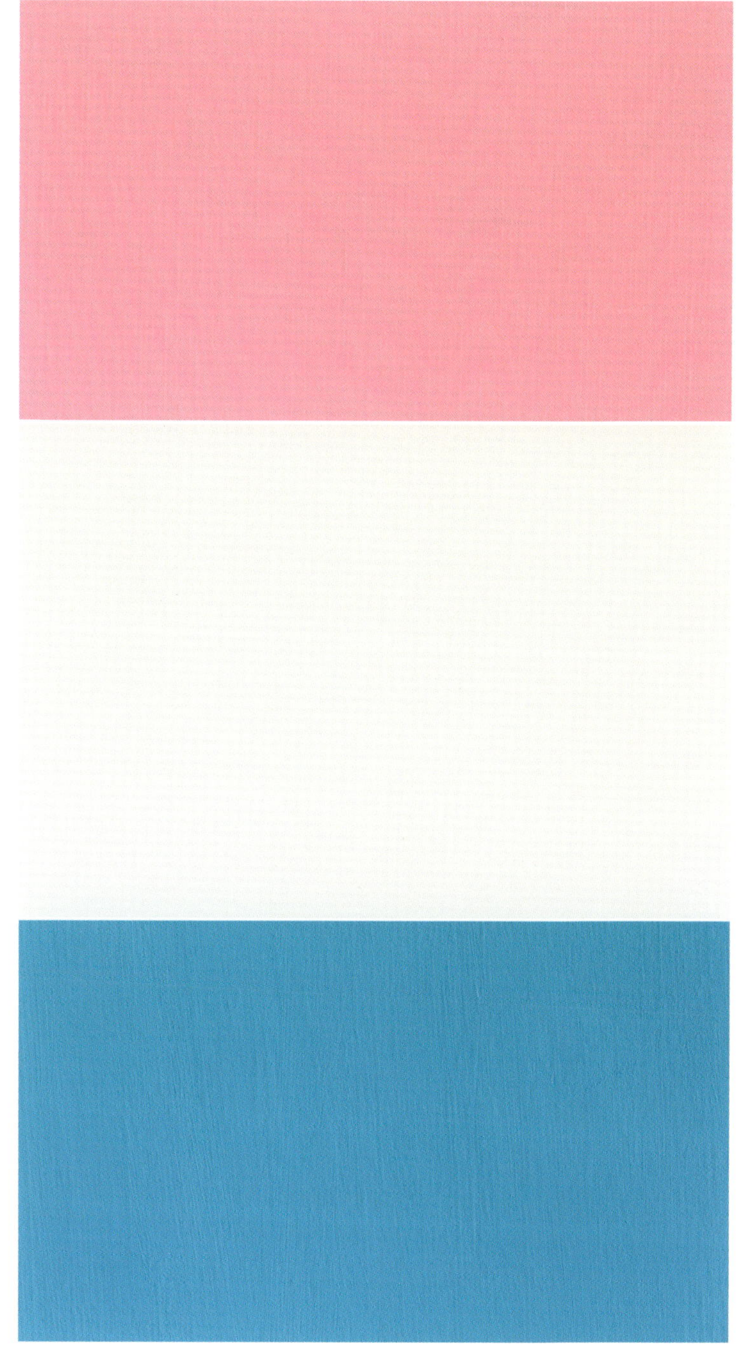

***Colore puro / Pure Colour*, 2019**

Tecnica mista su tela (dittico) / mixed media on canvas (diptych)
90 × 120 cm (90 × 60 cm cad / each) (C – Aa 024)

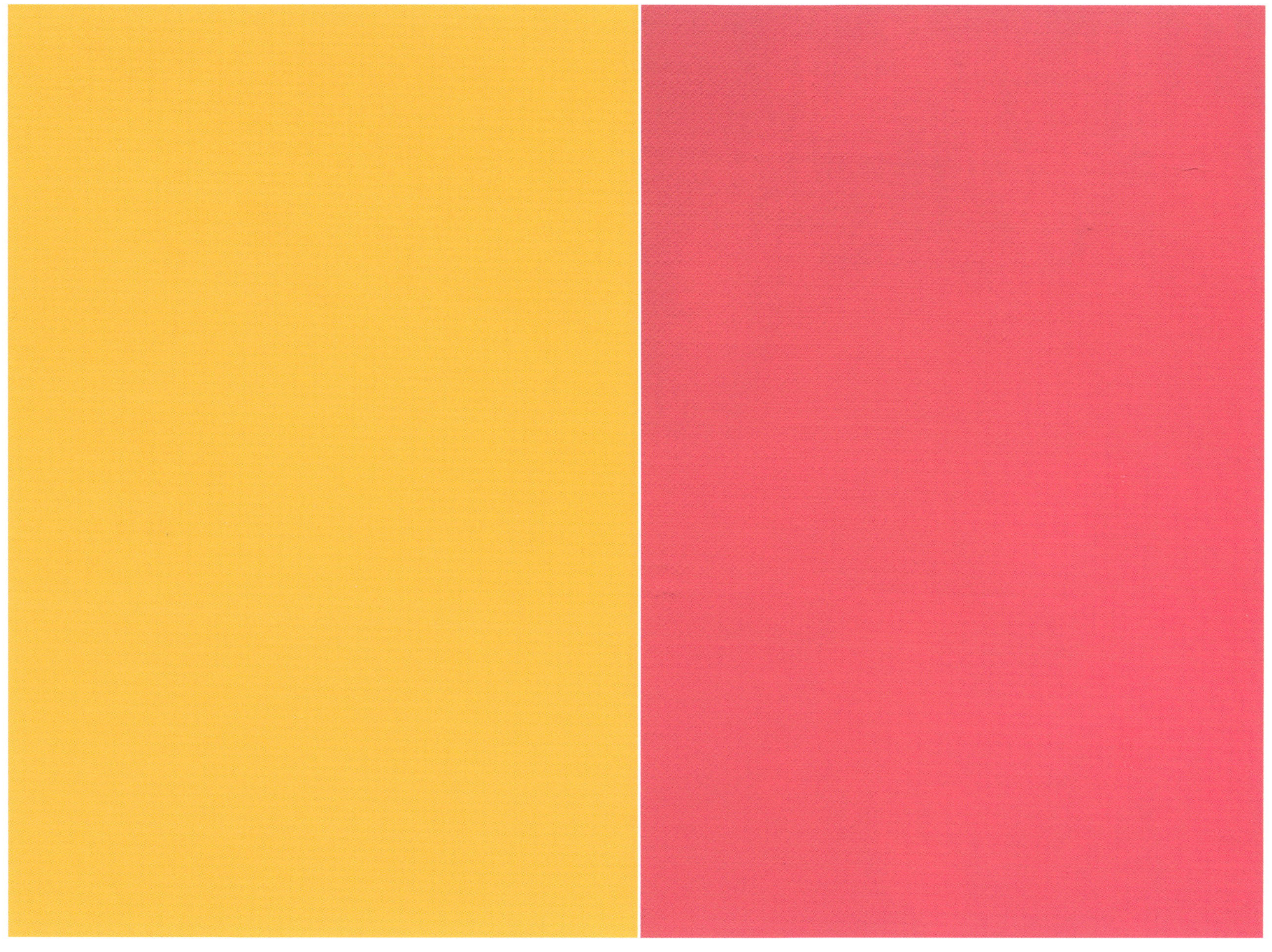

***Colore puro / Pure Colour*, 2019**

Tecnica mista su tela (dittico) / mixed media on canvas (diptych)
130 × 220 cm (130 × 110 cm cad / each) (C – Aa 021)

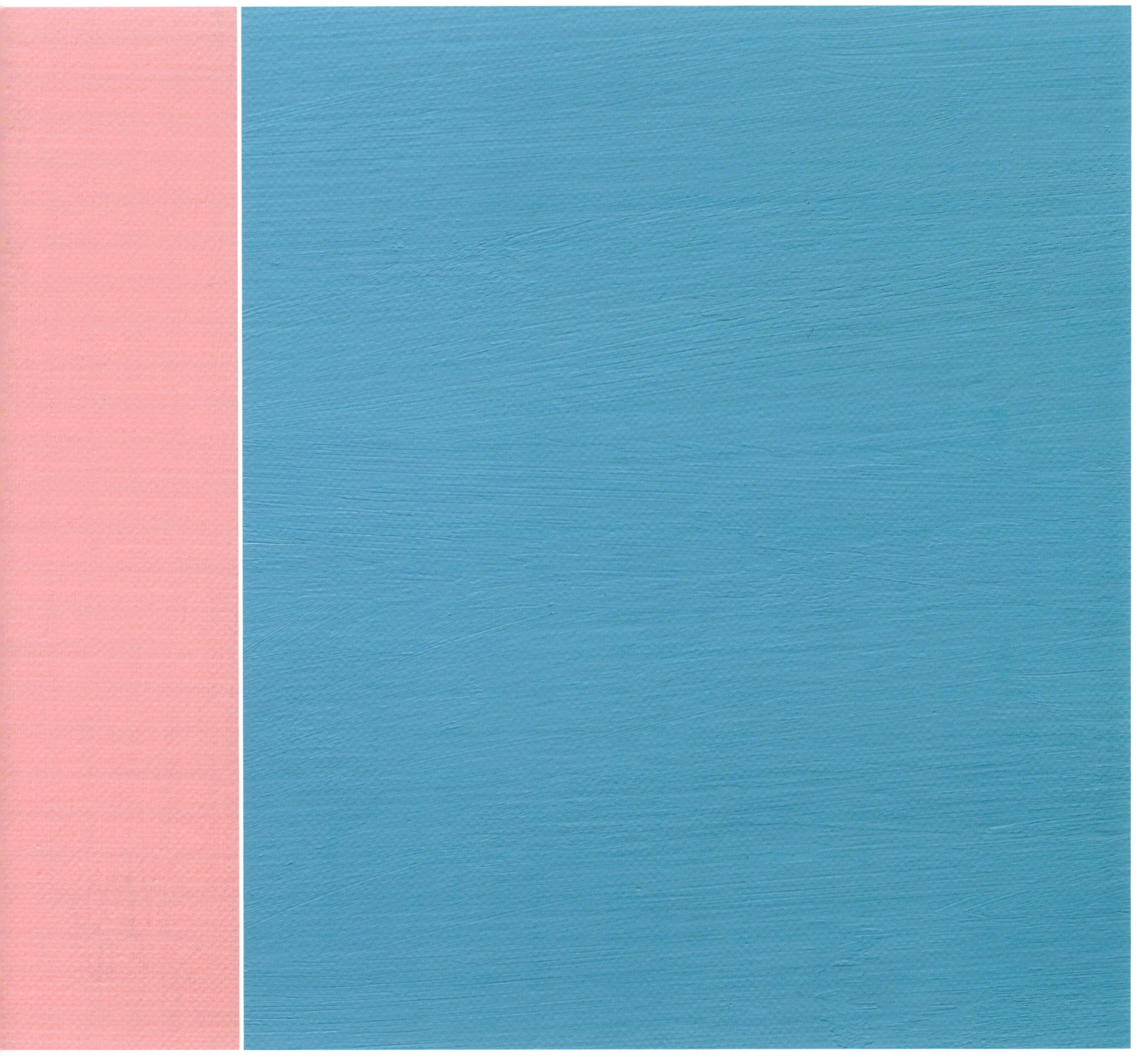

***Cielo – Simulacrum / Sky – Simulacrum*, 2019**

Tecnica mista su tela (trittico) / mixed media on canvas (triptych)
270 × 125 cm (90 × 125 cm cad / each) (C – Aa 022)

***Senza titolo / Untitled*, 2017**

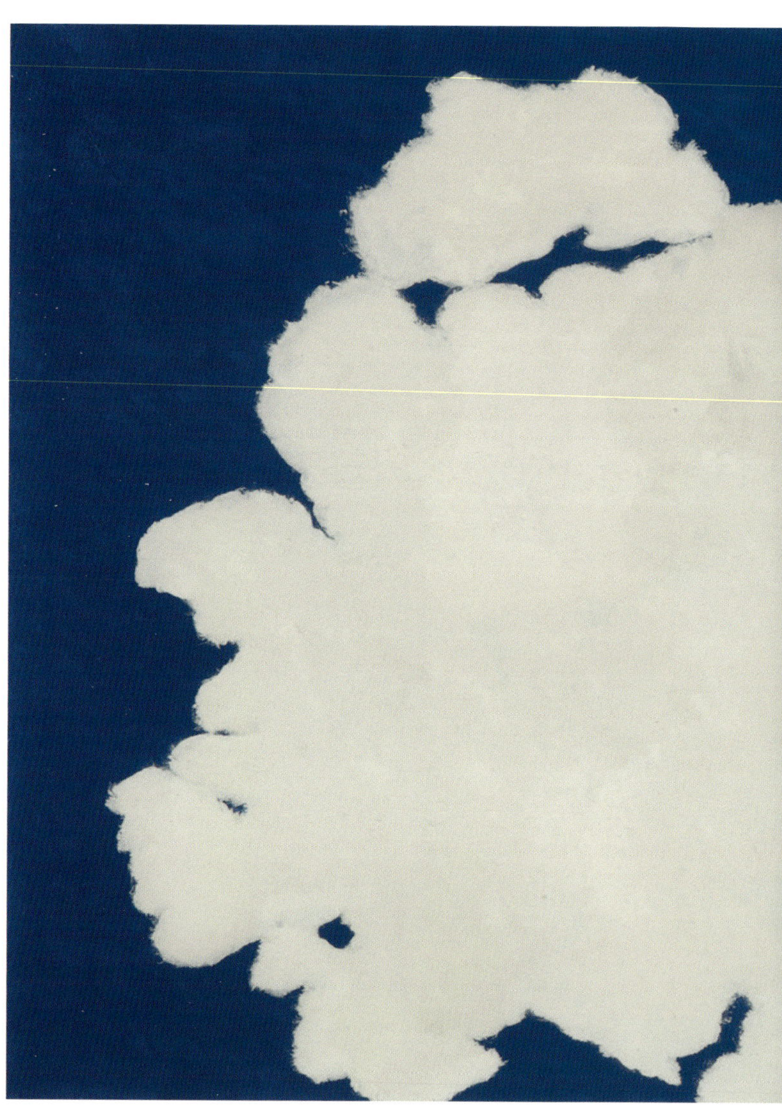

Tecnica mista su tela (dittico) / mixed media on canvas (diptych)
68 × 160 cm (68 × 80 cm cad / each) (C–Aa 014)

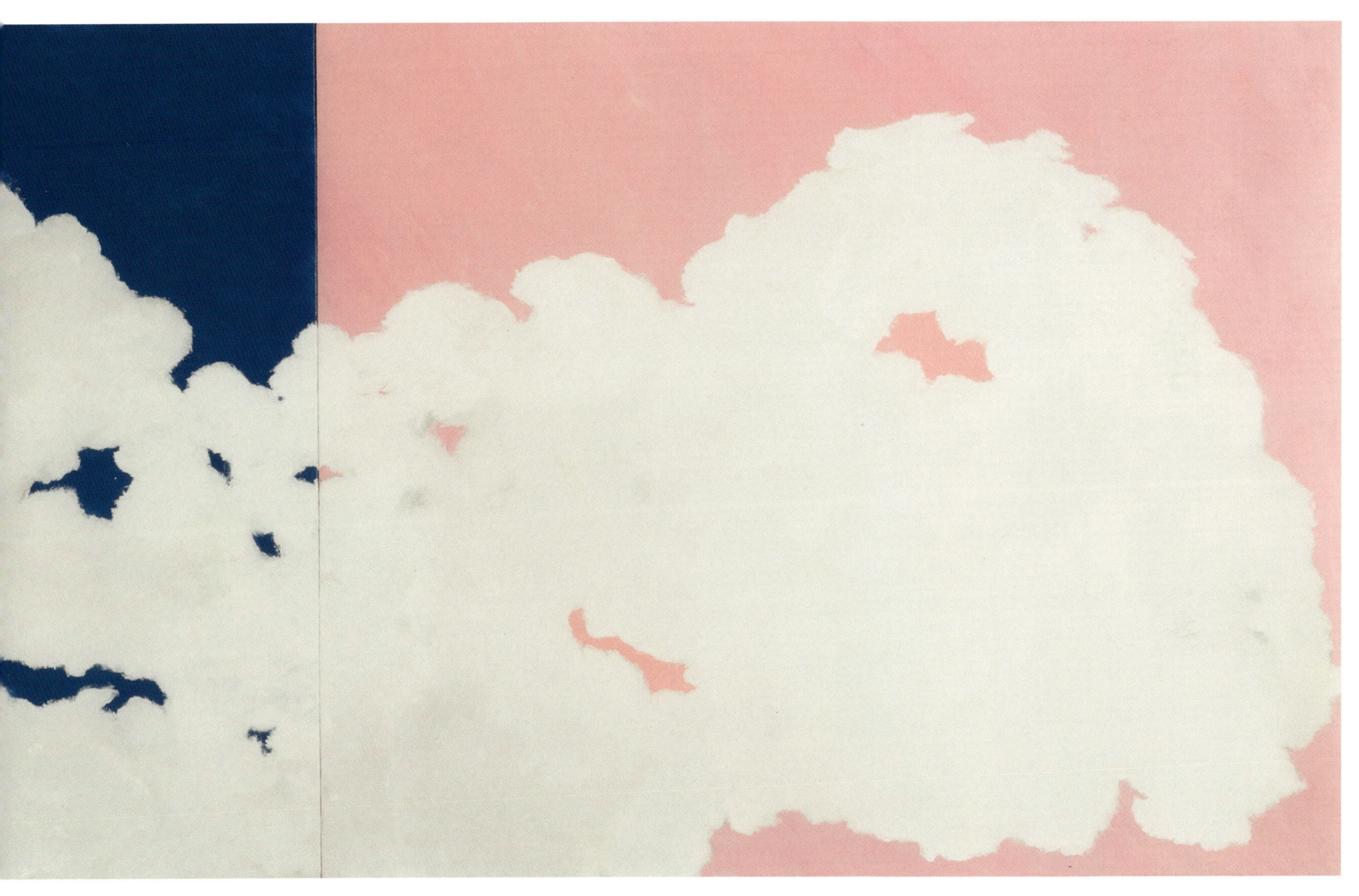

***Il mio piccolo cielo / My Small Sky*, 2017**

Tecnica mista su tela / mixed media on canvas
32 × 40 cm (C- Aa 001)

L'atto creativo inizia nell'alto dei cieli. La pittura di Roberto Fanari fra selezione del veduto e dittatura della visione

The Creative Act Begins Sky-High. The Painting of Roberto Fanari: Selecting and Imposing the Point of View

Alessandro Romanini

La mostra illustrata nel catalogo rappresenta un'ulteriore fase nell'inesausta ricerca espressiva e percettiva di Roberto Fanari.

Una ricerca artistica declinata espressivamente con i vari media, da quelli plastici (ceramica, bronzo, marmo...) a quelli eminentemente visuali (pittura, fotografia, disegno...), uniti sinergicamente per definire un nuovo paradigma visuale, che coinvolga artista e spettatore in un'operazione di frammentazione e ricomposizione, elaborazione e riflessione sulla percezione e i concetti derivanti.

Lungi da intenti blasfemi e conferimenti di valenza soprannaturale all'arte, sono due le operazioni che definiscono la ritualità "taumaturgica" dell'atto creativo e la ricerca di Fanari.

Il processo creativo prevede la selezione del reale e la scelta del punto di vista.

Ovvero cosa guardare e far vedere allo spettatore/fruitore e come guardarlo.

Nelle fasi precedenti della ricerca, l'artista milanese aveva scelto la dimensione naturalistica, a guisa di soggetto e pre-testo, operando una triplice operazione estetico-elaborativa.

Prendendo cioè avvio da immagini di natura (paesaggi, nature morte...) ma su cui è già intervenuta la "cultura", spostando quindi l'asse dalla dimensione reale a quella ideale, come nel caso delle incisioni di Henrick Goltzius e di quelle "arcadiche" di Carl Wilhelm Kolbe (declinate da Fanari sia in pittura che in scultura), l'artista elaborava un terzo livello di selezione e ricomposizione dando vita a un dispositivo palesato, funzionale alla sperimentazione espressiva e percettiva.

Ma se nelle precedenti fasi, il processo messo in atto poteva procedere in una direzione di sviluppo delle teorie di Bourriaud sulla post-produzione, questa nuova operazione compiuta all'interno dello Studio Museo Francesco Messina, assume un'identità ulteriore.

The exhibition described in the catalogue represents a further phase in Roberto Fanari's continuous expressive and perceptual research.

An artistic journey that spans various media, from three-dimensional work in ceramics, bronze and marble to the eminently visual fields of painting, photography and drawing, synergistically combined to establish a new visual paradigm that involves the artist and viewer in a process of fragmentation and recomposition, and in exploring and reflecting on perception and its related concepts.

Far from any blasphemous intentions or the attribution of a supernatural quality to art, there are two operations that determine the 'thaumaturgical' rituality of the creative act and Fanari's investigations.

The creative process involves selecting from reality and choosing a point of view, namely what to look at and show to the viewer and how to look at it.

In the earlier phases of his work, the Milanese artist chose the naturalistic dimension as a subject and pre-text, following a three-fold aesthetic and elaborative approach.

In other words, beginning from images of nature, such as landscapes and still lifes, but moving the axis from the real to the ideal dimension by selecting images already culturally established, including engravings by Henrick Goltzius and those in Arcadian style by Carl Wilhelm Kolbe (which Fanari used in both painting and sculpture), he performed a third level of selection and recomposition, producing a unconcealed device as an instrument for expressive and perceptual experimentation.

But whereas in previous phases the process was able to proceed in the direction of Bourriaud's post-production theories, this latest strategy in Studio Museo Francesco Messina is different in character.

Fanari, who alongside his practice of art combines a comprehensive and continuous study of art theory, has repeatedly demonstrated his assimilation

Fanari, che abbina alla prassi artistica un'approfondita e continua riflessione e studio sulla dimensione teorica, ha dimostrato a più riprese l'assimilazione del Postmoderno nelle sue varie declinazioni, con le quali si è confrontato nel corso della sua esperienza creativa.

Un Postmoderno che non ha certo a che fare con l'universalismo dei grandi racconti e con l'arte come esperienza universale.

L'artista è cosciente di questo processo di riduzione del panorama ideale-narrativo ma continua a dimostrare una profonda fede nell'arte come esperienza universale.

Inoltre aderisce all'emblema del Postmoderno basato sulla combinazione di elementi preesistenti e sul frammento.

Fanari ha abbondantemente riflettuto, come dimostra con le sue opere, su quel rispettoso sguardo archivistico verso il Modernismo (e il Collagismo) che a ben vedere rappresentano le principali direzioni intraprese nelle pratiche degli artisti del XXI secolo.

Nella fase precedente, pur mantenendo la barra a dritta sullo scopo espressivo-percettivo dell'elaborazione, si percepiva in maniera macroscopica la dimensione legata alla selezione di elementi culturali e visivi e il loro reinserimento in contesti inediti.

Un processo che prevede da parte degli artisti un'operazione cosciente, che inventa nuovi usi e nuovi significati per immagini e oggetti plastici preesistenti attraverso il consolidamento di un diritto di appropriazione che legittima l'operazione di editing che si armonizza per giustapposizione, narrative, storiche, ideologiche, simboliche e iconografiche differenti.

L'installazione dei cieli sancisce uno scarto in avanti ulteriore in questo filone di ricerca.

L'inquadratura, o il cosiddetto *framing* anglosassone, accomuna la pittura, la fotografia, il cinema e il video ma anche le arti plastiche e l'architettura.

L'artista, nella posizione iniziale di rappresentante dell'"occhio di dio" del narratore onnisciente del romanzo ottocentesco, che tutto vede e tutto conosce, seleziona, all'interno di questo paradigma infinito di visioni, gli elementi da far entrare dentro il "frame".

Preleva dalla realtà gli elementi ritenuti pertinenti e li inserisce all'interno della "cornice" pittorica, fotografica o videocinematografica – ma anche della struttura plastica o del ritmo compositivo architettonico.

Effettua un'operazione di scelta e di relativa inclusione ed esclusione, quindi di selezione e ricombinazione di elementi, definendo i limiti del visivo spettatoriale, stabilendo cosa è "in campo" e cosa è

of the postmodern in its various forms and has confronted them in his art.

A postmodernism completely removed from the universalism of epic stories and art as a universal experience.

Fanari is aware of this process of reducing the ideal narrative perspective, yet continues to demonstrate a profound faith in art as a universal experience.

Moreover, he subscribes to the postmodernist device based on the combination of pre-existing elements and the fragment.

As his work makes clear, Fanari has reflected amply on the respectful archivistic gaze towards modernism (and collagism), which in actual fact represent the main directions taken by twenty-first century artists.

Although in his previous phase he maintained a steady focus on expressive and perceptual development, there was also microscopic evidence of the dimension linked to selecting cultural and visual elements and integrating them into original contexts.

A process that involves artists in a conscious act of inventing new uses and meanings for images and three-dimensional objects through the consolidation of a right of appropriation that legitimises the act of editing, which is synchronised by various narrative, historic, ideological, symbolic and iconographical juxtapositions.

The sky installation represents a further move along this line of research.

The concept of framing is common to painting, photography, cinema and video, but also to the three-dimensional arts and architecture.

The artist, in the primary role of representing the 'eye of god', the omniscient narrator in nineteenth-century novels who sees and knows everything, selects from this paradigm of infinite possibilities the elements to include in the 'frame'.

Elements from reality considered relevant are selected and inserted into the pictorial, photographic or video-cinematographic frame, but also into the three-dimensional structure or rhythm of the architectural composition.

The artist first performs the task of selection and the related act of inclusion or exclusion, then he selects and recombines elements, thus defining the limits of what will be seen, what is on view or out of view, or even what is ideally simply in transit, as in the case of clouds and sky.

In the case of this Milan installation, the perceptual device Fanari has devised takes the form of a painted surface which deliberately abandons depth and perspective in favour of setting up a sensitive zone where the eye is invited and guided to cross the extension.

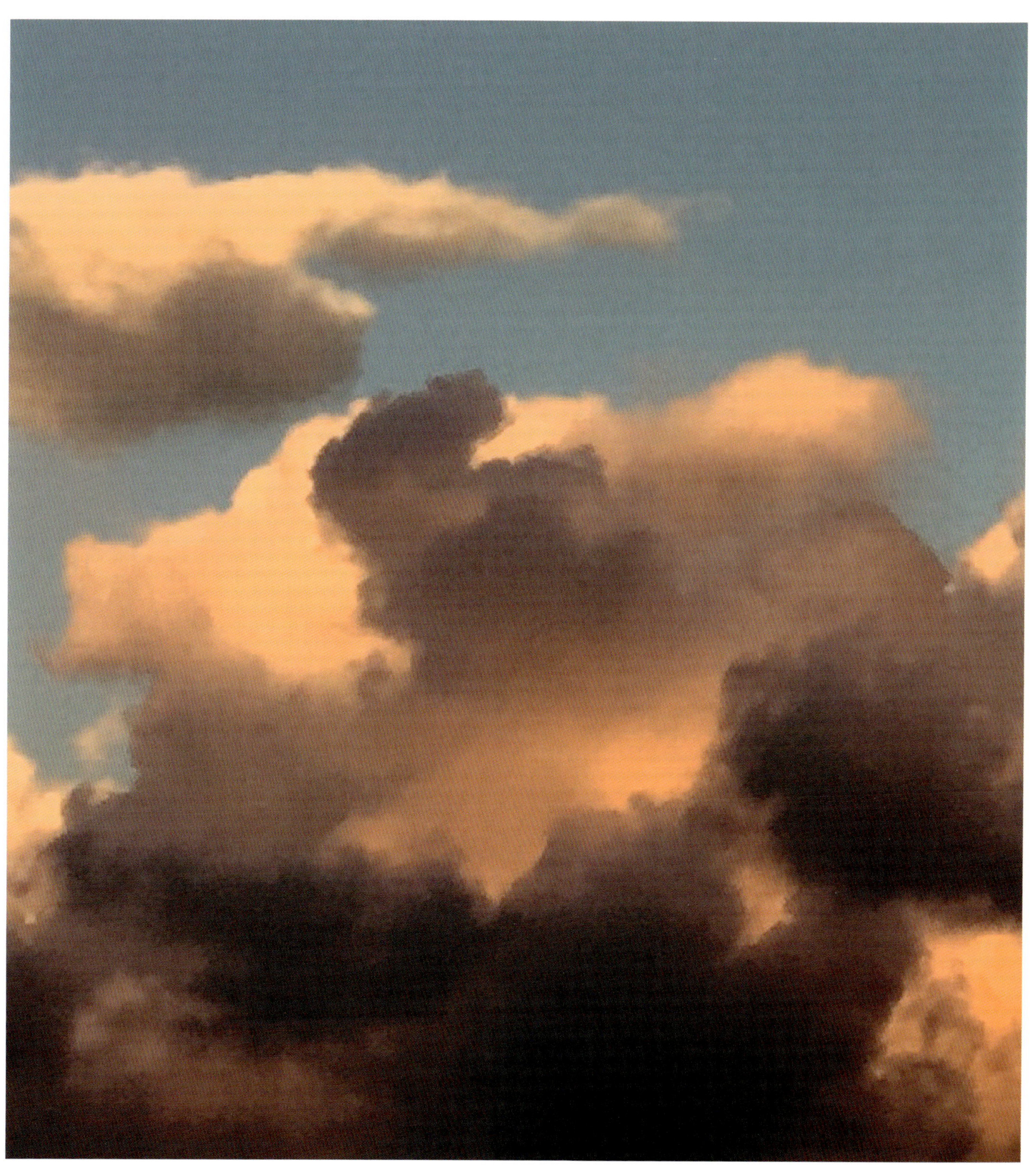

Cielo Improvviso / Sudden Sky

Stampa Inkjet su carta
Hahnemühle 300 gr
Inkjet Print on
Hahnemühlepaper 300 gr

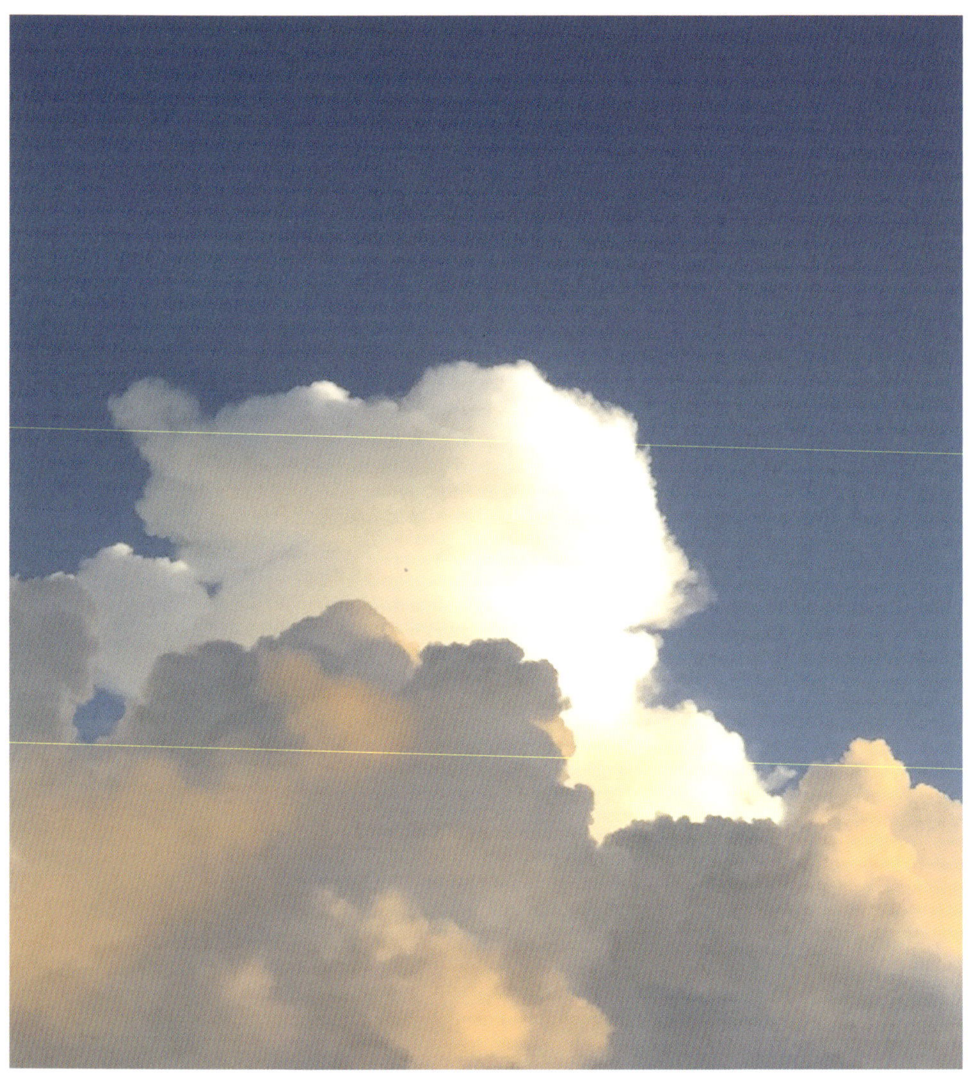

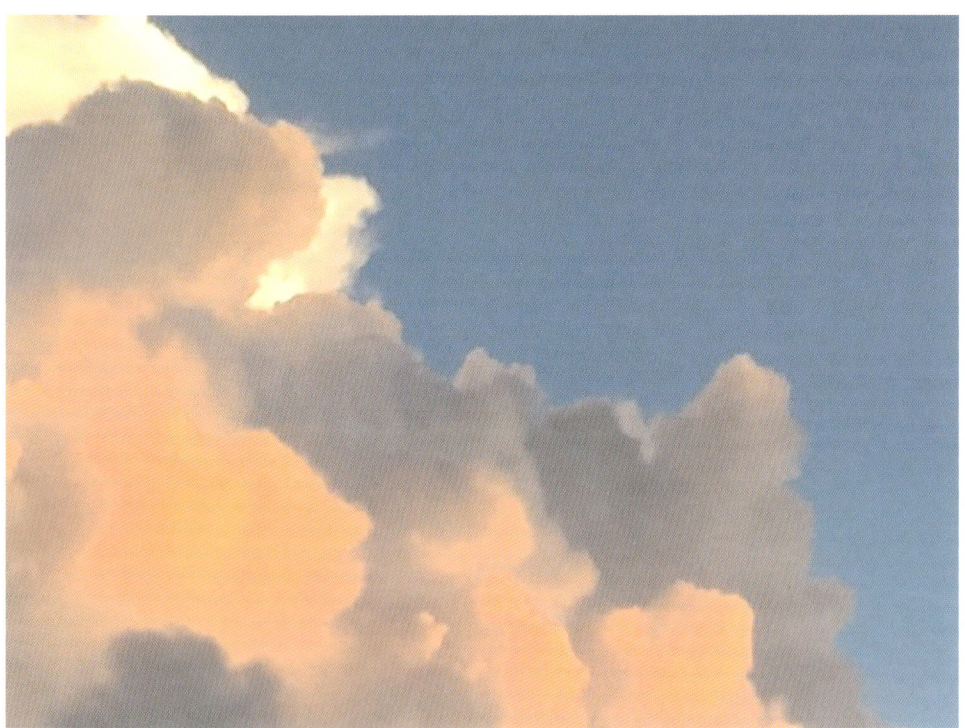

Cielo Improvviso / Sudden Sky

Stampa Inkjet su carta Hahnemühle 300 gr
Inkjet Print on Hahnemühlepaper 300 gr

L'artista in *primis,* quindi, mette in discussione l'esclusività del punto di vista spettatoriale occidentale, prendendo a pretesto il rispetto della posizione del soggetto reale prescelto (i cieli stanno in alto) e la metafora della trascendenza propizia al luogo che ospita l'iniziativa espositiva.

In realtà, come avveniva negli anni '50 e '60 con gli esperimenti delle neo-avanguardie, che organizzavano proiezioni cinematografiche su cortine di fumo o su soffitti, costringendo lo spettatore a sdraiarsi sul pavimento o comunque a costruirsi dinamiche fruitive soggettive, Fanari costringe i *beholders* ad abdicare alle consuetudini percettive.

Una messa in discussione, quella messa in atto dall'artista, che scardina l'assunto su cui si basa da secoli la civiltà occidentale, quello di natura prospettica.

Mette a nudo – come avveniva in maniera massiccia negli anni '60 da parte di molti teorici – l'artificio matematico-visivo su cui poggia la struttura percettiva della prospettiva e di conseguenza i vari mass media e dispositivi su cui si basa il nostro sistema visivo nel XXI secolo.

Dalla pittura alla televisione, dal cinema alla fotografia fino ai *devices* digitali più avanzati (incluse le derive 3D).

L'artista forza lo spettatore ad assumere una posizione di osservazione che richiede un'assunzione di responsabilità, un atteggiamento proattivo, affrancato dalla contemplazione passiva tipica dei mass media.

In pratica struttura un ennesimo corpo a corpo fra spettatore e dispositivo, che al contrario di quello che vede protagonisti i passivi fruitori mass mediatici, quello prodotto per la chiesa milanese promuove un atteggiamento proattivo e soggettivo nel visitatore.

Fanari dà vita a una messa in scena in senso truffauttiano, delineando allo stesso tempo un'installazione *site specific*, che rispetta il *genius loci* e da questo si alimenta coinvolgendo nel processo di combustione lo spettatore e soprattutto predispone un apparato che parla allo spettatore mentre riflette su se stesso e sul linguaggio espressivo.

L'autore francese, dalle colonne dei *Cahiers du Cinèma*, ha fatto scaturire la cosiddetta "politica degli autori", basata appunto sulla "messa in scena", che secondo Andrè Bazin è "organizzazione degli esseri e delle cose che trova in sé il suo significato sia estetico che morale".

Nella progettazione e realizzazione dell'installazione, Fanari tiene conto come detto sopra dell'impostazione percettiva centrale convenzionale ma anche della cosiddetta "schiavitù dell'angolo retto",

As many theorists widely sought to do in the 1960s, he reveals the mathematical and visual artifice that supports the perceptual structure of perspective and, as a consequence, the mass media and devices on which our 21st-century visual system is based, including painting, television, cinema, photography and the most advanced digital devices (including 3D developments).

The artist asks viewers to observe from a position of responsibility, a proactive attitude, freed from the passive viewing typical of the mass media.

In practice, he structures yet another one-to-one relationship between the viewer and the device, in which instead of treating visitors as passive media users, the exhibition in the Milan church promotes a subjective, proactive attitude.

Fanari has created a Truffautesque staging by simultaneously presenting a site-specific installation that respects the prevailing character and atmosphere of the venue, yet also involves the spectator in the process of exploding the myth; moreover, he has constructed a device that communicates with viewers while reflecting on itself and its expressive language.

From the columns of *Cahiers du Cinèma* François Truffaut initiated the so-called 'author's policy' founded on staging, which, according to Andrè Bazin, is the 'organisation of people and things that embodies both an aesthetic and moral meaning'.

As I said earlier, in designing and setting up the installation, Fanari has taken account of the conventional, central perspective approach, but also the so-called 'slavery of the right angle' that characterises contemporary civilisation, which for the most part has ceased to relate to the natural environment in a direct way and instead occupies an artificially made habitat.

A space structured by Fanari that starts from the viewer, who becomes the fulcrum and engine, the result of Fanari's intense examination, including philosophical reflections on the subject.

After Galileo and Newton, Heidegger[3] saw space as having lost its role of identifying and designating locations or possible directions within it, becoming an open work as Eco interpreted it.

Kant interpreted space in relation to a physical body, as a way in which human beings represent in advance the objects that influence them,[4] taking a subjective and proactive approach to perception.

Heidegger himself pointed out that despite all the differences between Greek and modern thought, space is represented in the same way: starting from the body or from the artwork.

Created according to site-specific principles, the installation also considers the concept of space as not only what can be seen, measured and quantified, but

che caratterizza la civiltà contemporanea, che per la maggior parte ha cessato di rapportarsi direttamente con l'ambiente naturale per vivere in un habitat prodotto, artificialmente realizzato.

Uno spazio impostato dall'artista milanese, a partire dallo spettatore che diventa fulcro e motore, frutto di un'approfondita riflessione che coinvolge le meditazioni filosofiche sull'argomento.

Per Heidegger[3], dopo Galileo e Newton, lo spazio perde la distinzione e l'assegnazione dei luoghi e delle direzioni possibili al suo interno, divenendo un'opera aperta nell'accezione di Eco.

Kant interpreta lo stesso spazio sempre in funzione di un corpo fisico, come un modo con il quale l'uomo rappresenta in anticipo gli oggetti che lo influenzano[4], seguendo un'impostazione soggettiva e proattiva della percezione.

Lo stesso Heidegger fa notare come, malgrado tutte le differenze fra pensiero greco e pensiero moderno, lo spazio viene rappresentato allo stesso modo: a partire dal corpo, dall'opera.

L'installazione, creata secondo i principi *site specific*, tiene inoltre conto del concetto secondo cui lo spazio non è solo quello che può essere visto, misurato e quantificato, ma anche e soprattutto quello che la stratificazione mnemonica, antropica e storica di quel luogo rappresenta e proietta.

In ultima analisi, il procedimento di Fanari non è solo l'esposizione di un'opera ma trasforma lo spazio in un'opera complessiva, secondo un concetto caro anche a Marcel Broodthaers[5].

Fanari non crea un display delle opere in uno spazio determinato, ma la disposizione appositamente creata fa riferimento a un ordine soggiacente, definito da una serie di elementi plastici, storici, istituzionali e vocazionali del luogo stesso.

L'installazione vuole essere intesa come "sezione" (sempre nell'ottica di Broodthaers), un taglio trasversale che permette di mettere in luce la struttura interna del meccanismo espositivo e di quello creativo (la dimensione metalinguistica) nelle loro varie componenti, di offrirne uno spaccato, uno *specimen*.

Un'unità omogenea che esprime un doppio impulso, per la classificazione ma anche per il frammento, che rinviano entrambe a una totalità che è costantemente allusa e allo stesso tempo differita.

Una calibrata strategia di gestione espressiva della sintassi dello spazio per mezzo dell'opera-installazione – che coinvolge lo spettatore come parte integrante – e crea una dialettica, una tensione, fra l'installazione stessa e lo spazio museale nel suo funzionamento (origini e collezione).

La costruzione dell'installazione da parte dell'autore suggerisce un articolato reticolato mentale che

also and above all the mnemonic, anthropic and historical stratification that a place represents and projects.

In the final analysis, Fanari's process is not merely to exhibit a work but to transform the space into a work, according to a concept also dear to Marcel Broodthaers.[5]

Fanari does not create a display of works in a given space, but a specific and deliberate arrangement that refers to an underlying order, defined by a series of historical, institutional and vocational three-dimensional elements pertaining to the place itself.

The installation is to be considered as a 'section' (again, according to Broodthaers' notion), a transversal cut that reveals both the internal and creative structure of the exhibition mechanism (the metalinguistic dimension) in their various components, offering a cutaway or specimen of it.

A homogeneous unit that expresses a double impulse – for classification but also for the fragment – which transports both to a totality that is constantly alluded to but at the same time never realised.

A calibrated strategy of managing expressively the syntax of space through an installation that involves the viewer as an integral part, while creating a dialectic, a tension, between the installation itself and the functioning of the museum space (origins and collection). Fanari's construction of the installation suggests a mental grid which proposes a complex paradigm of possible relationships between iconography, history, memory and the museum institution itself, creating a definitive museum paratext.

A dialectic that also questions the notion of art and expression, and at the same time the notion of the institutionalised consumption of art, which refers to a structure (the form of an 'exhibition' and 'museum') which is physical but at the same time represents a hierarchisation of use (the interpretative dynamics at work in the museum itself) offered to the visitor.

In line with Fanari's intentions, the installation becomes a metanarrative process involving artistic expression and its possible translations, and the dimensions of the viewer and the museum regarding what they do and what they offer.

Within a logic of continuity, Fanari's aesthetic and expressive process is tirelessly persistent in its search for new solutions capable of offering innovative and effective strategies of perception to stimulate our ability to look and see, which has become anesthetised by our distracted and pervasive daily consumption of technology.

dà vita a un complesso paradigma di possibili relazioni fra iconografie, storia e memoria e lo stesso museo-istituzione, creando un vero e proprio paratesto museale.

Una dialettica che chiama in causa anche un'idea di arte ed espressione e allo stesso tempo un'idea di istituzionalizzazione della fruizione, che rinvia a una struttura (idea della forma "mostra" e "museo") che è fisica ma allo stesso tempo rappresenta una gerarchizzazione fruitiva (le dinamiche interpretative messe in atto nel museo stesso) offerta al visitatore.

L'installazione diventa, nelle intenzioni dell'artista, un processo metanarrativo che investe l'espressione artistica e le sue possibili traduzioni, la dimensione spettatoriale e quella museale nel loro farsi e nel loro darsi.

In una logica di continuità, l'elaborazione estetica ed espressiva di Fanari persiste in maniera inesausta nella peregrinazione, in cerca di nuove soluzioni per offrire inedite ed efficaci strategie percettive per nutrire il nostro sguardo anestetizzato dalla fruizione distratta e pervasiva offerta quotidianamente dalla tecnologia.

1 Giorgio Agamben chiama dispositivo tutto ciò che, in un modo o nell'altro, ha la capacità di catturare, orientare, determinare, intercettare, modellare, controllare e assicurare i gesti, la condotta, le opinioni e i discorsi degli esseri viventi.

2 "Stai per cominciare a leggere il nuovo romanzo *Se una notte d'inverno un viaggiatore* di Italo Calvino", in Italo Calvino, *Se una notte d'inverno un viaggiatore*, Einaudi, Torino 1979.

3 In occasione di una mostra promossa dall'Accademia di Berlino a St. Gall nel 1964, Martin Heidegger, pronunciò un discorso articolato che intendeva precisare le relazioni fra la plasticità delle opere d'arte e lo spazio, l'uomo e lo spazio. Questo discorso è stato raccolto in un testo dal titolo *Bemerkungen zu Kunst – Plastik – Raum*, Erker Verlag, Sant Gallen 1996, tradotto nel 2009 in francese per Editions Payot & Rivages, con il titolo *Remarques sur art – sculpture – espace*.

4 Secondo questo assunto, lo spazio diviene quindi pura forma dell'intuizione che precede tutte le rappresentazioni degli oggetti e delle opere offerte in maniera sensibile. Lo spazio quindi non esite in sé, ma è una forma soggettiva dell'intuizione della soggettività umana.

5 Il rinvio ovviamente è al *Musèe d'Art Moderne Dèpartment des Aigles* del 1968 e ai concetti di *sezione*, *frame* etc.

1 Giorgio Agamben defines a device as anything that in one way or another has the capacity to capture, orient, determine, intercept, shape, control and guarantee the gestures, conduct, opinions and discourse of living beings.

2 'You are about to start reading the new novel *If on a Winter's Night a Traveller* by Italo Calvino', in Italo Calvino, *If on a Winter's Night a Traveller* (Turin: Einaudi, 1979).

3 For the exhibition at the Berlin Academy at St. Gall in 1964, Martin Heidegger gave a highly structured lecture that aimed to specify the relationships between the three-dimensionality of artworks and space, and the human being and space. This speech was collected in a book entitled *Bemerkungen zu Kunst – Plastik – Raum* (Sant Gallen: Erker Verlag, 1996), translated into French in 2009 by Editions Payot & Rivages under the title *Remarques sur art – sculpture – espace.*

4 According to this assumption, space becomes a pure form of intuition that precedes all representations of objects and artworks presented in a tangible manner. Thus space does not exist in itself, but is a subjective form of subjective human intuition.

5 The reference is obviously to the *Musèe d'Art Moderne Dèpartment des Aigles* from 1968 and to the concepts of *section*, *frame* etc.

Il cielo ritrovato
The Rediscovered Sky

Il cielo ritrovato I / The Rediscovered Sky I, 2019

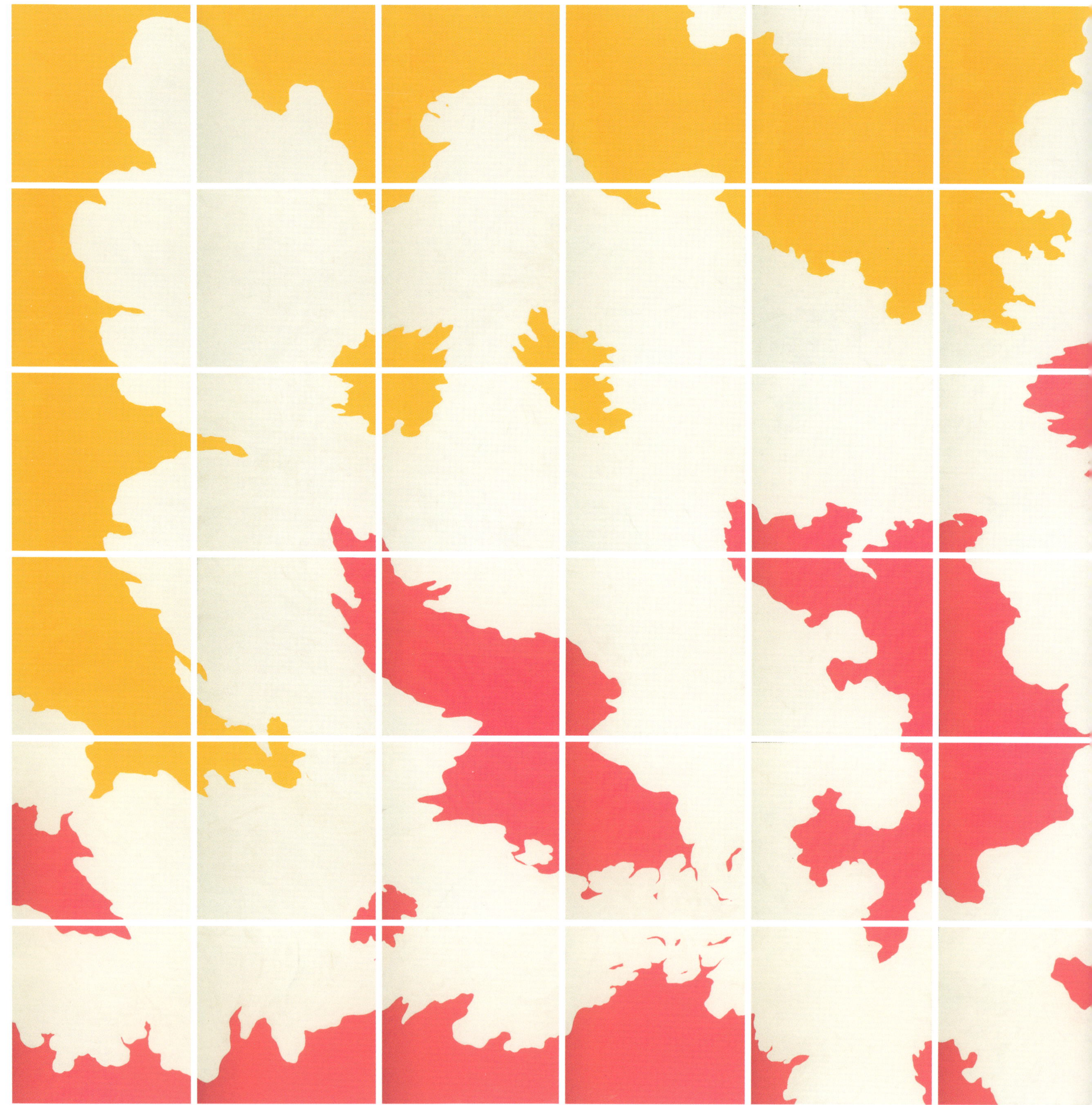

Acrilico su tela / Acrylic on canvas (Polittico / poliptych)
1 pannello 6 × 6 m composto da 36 tele, 1 × 1 m cad
1 panel 6 × 6 m total of 36 canvases, 1 × 1 m each

***Il cielo ritrovato II / The Rediscovered Sky II*, 2019**

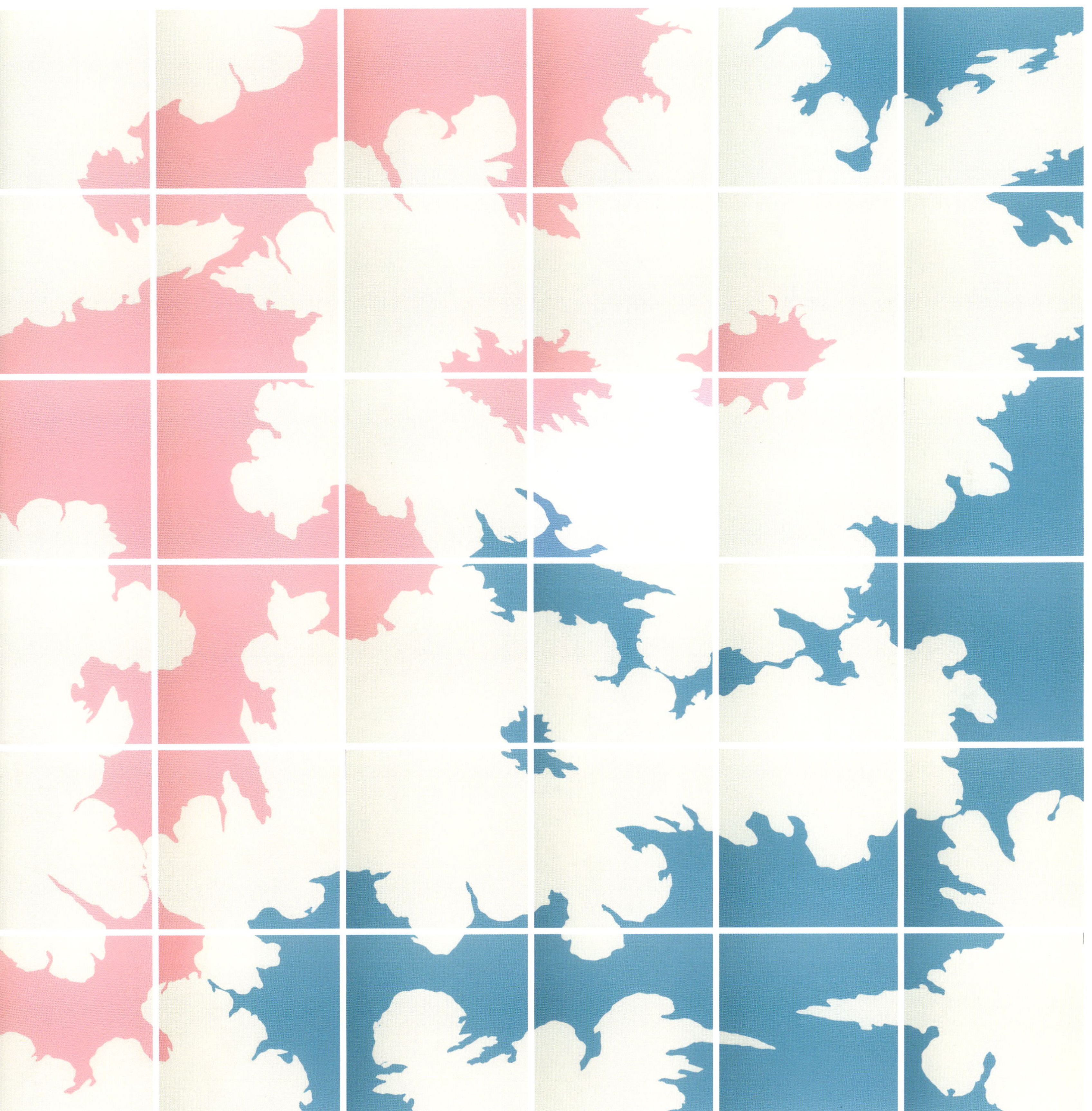

Acrilico su tela / Acrylic on canvas (Polittico / poliptych)
1 pannello 6 × 6 m composto da 36 tele, 1 × 1 m cad
1 panel 6 × 6 m total of 36 canvases, 1 × 1 m each

Il cielo ritrovato I / The Rediscovered Sky I, 2019

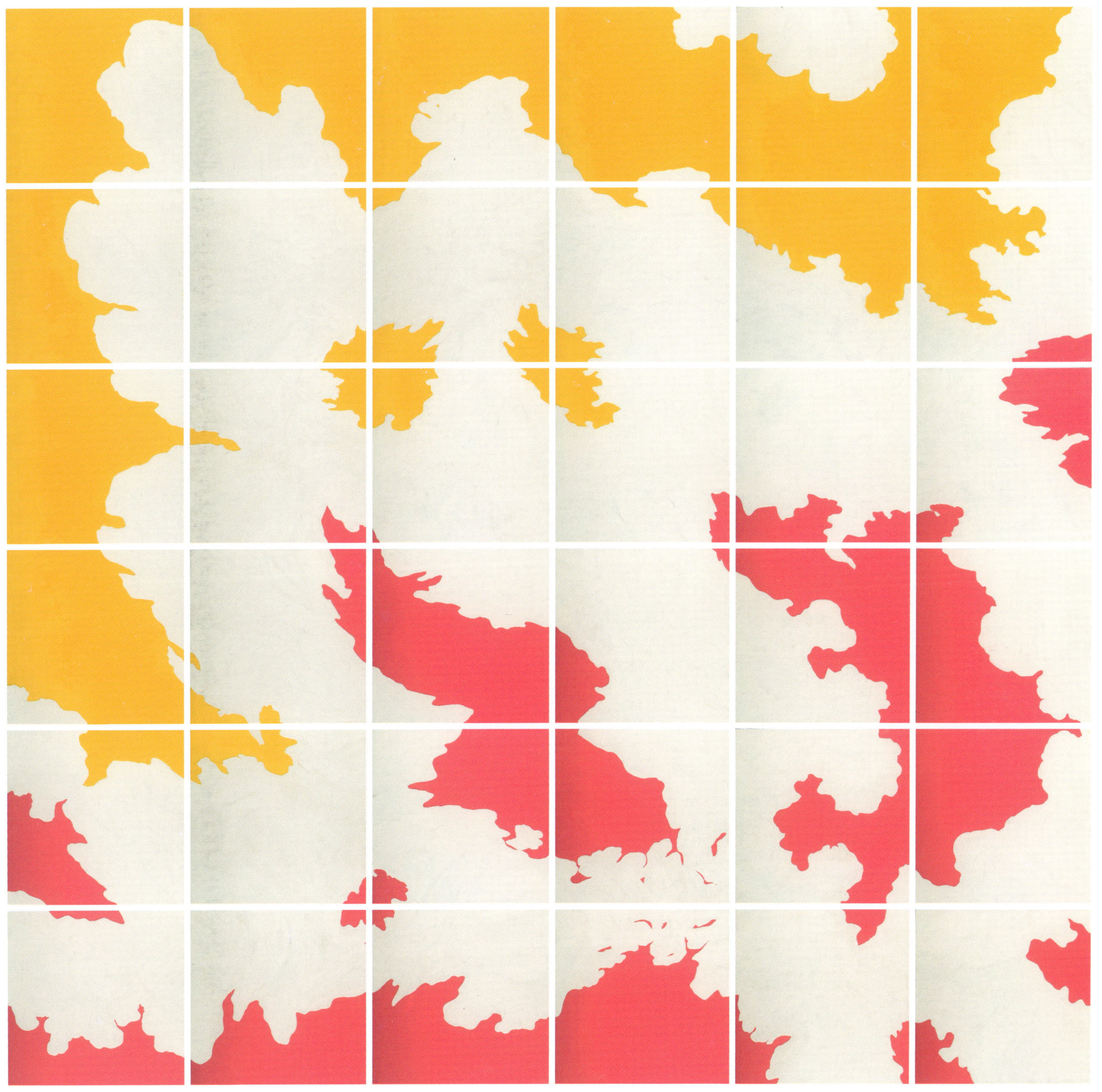

***Il cielo ritrovato I / The Rediscovered Sky I*, 2019** (dettagli / details)

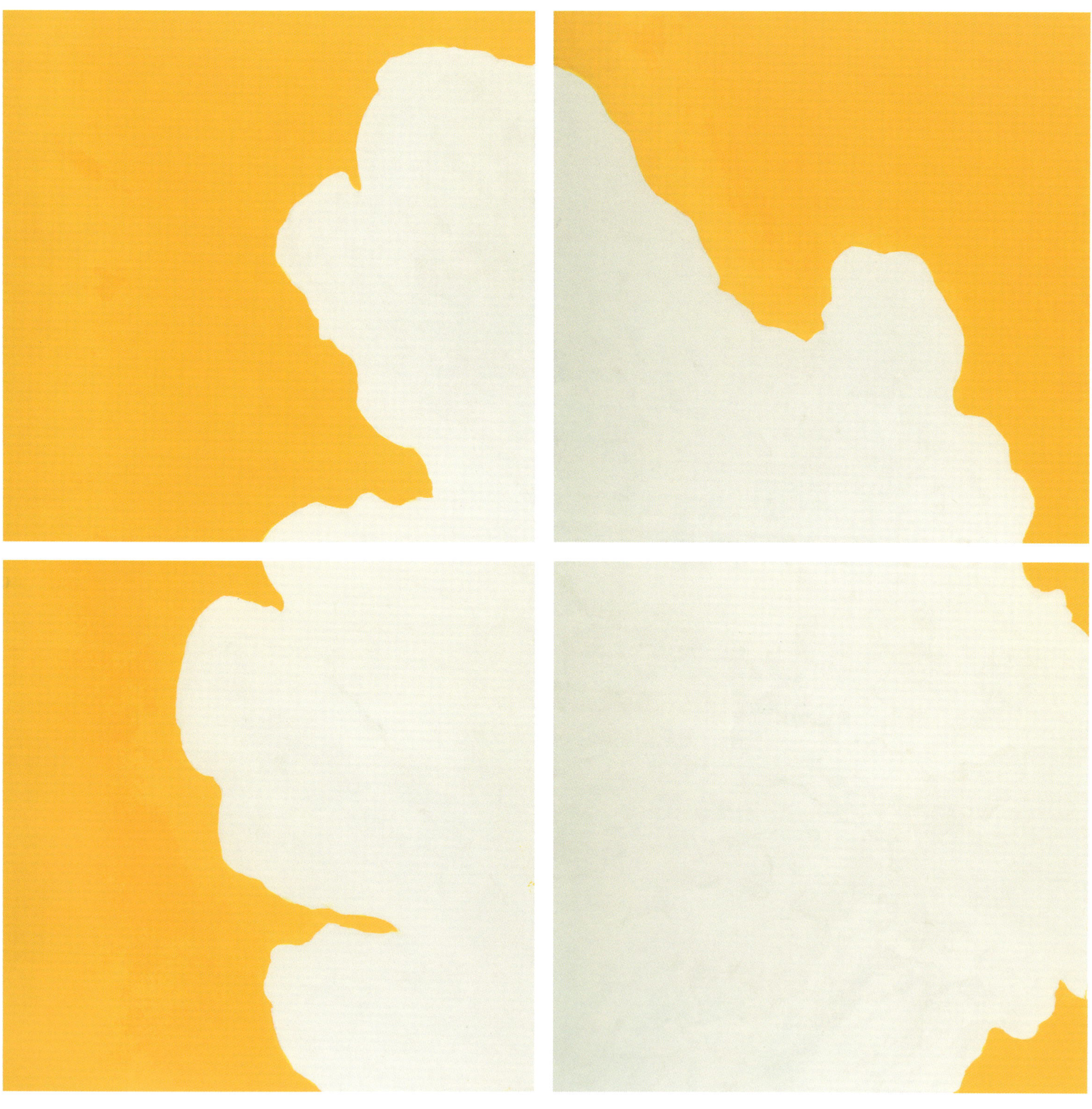

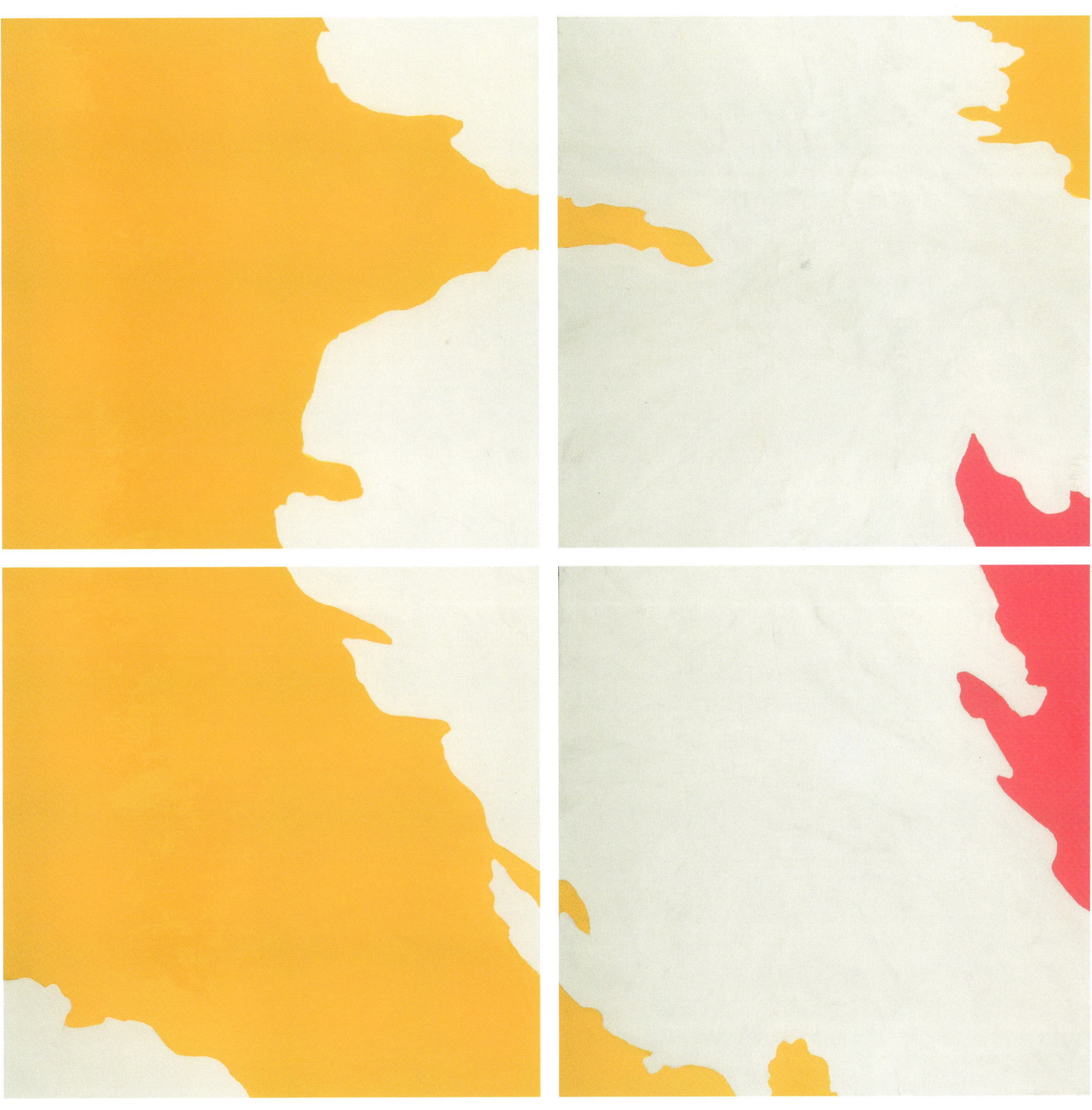

***Il cielo ritrovato I / The Rediscovered Sky I*, 2019** (dettaglio / detail)

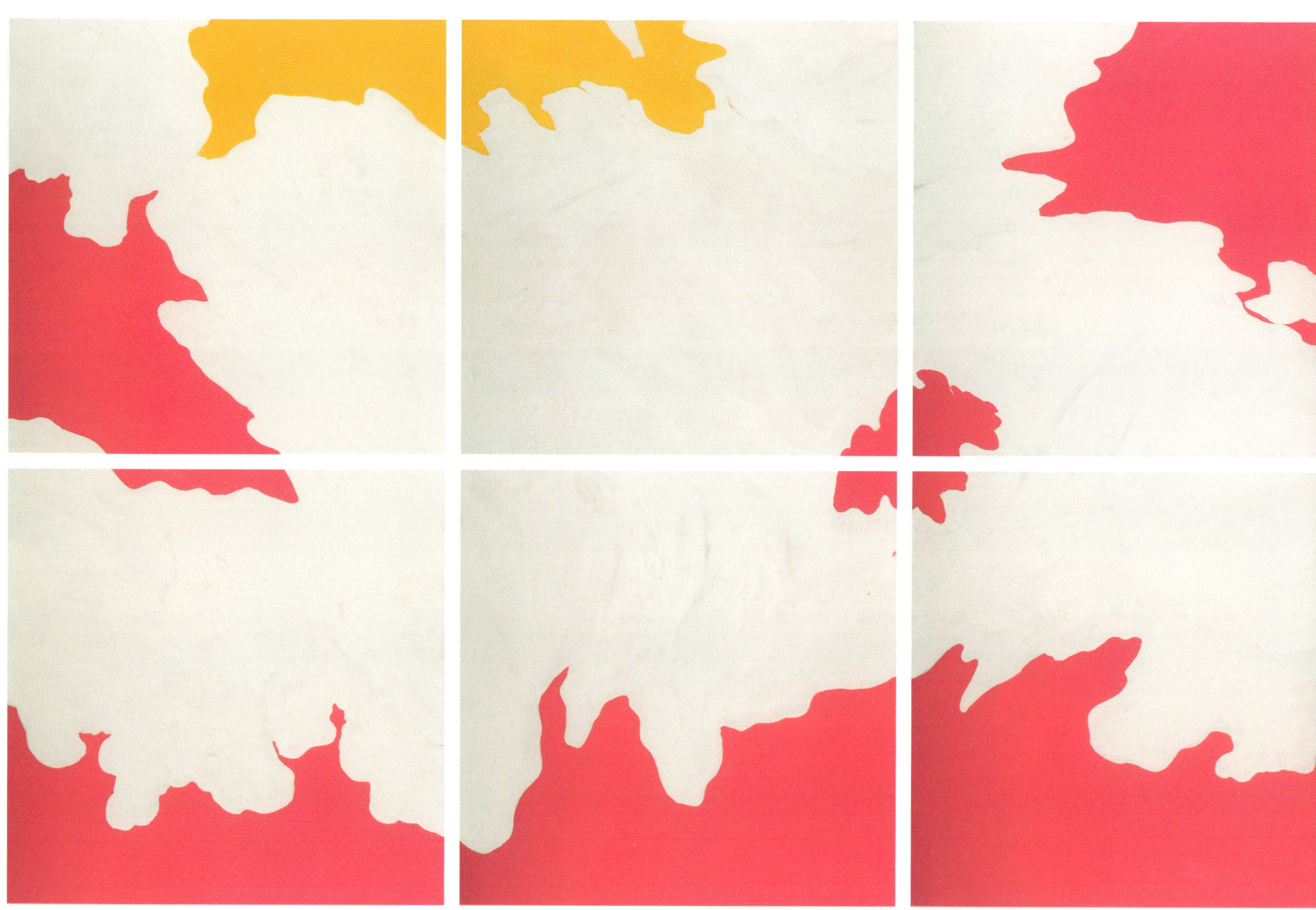

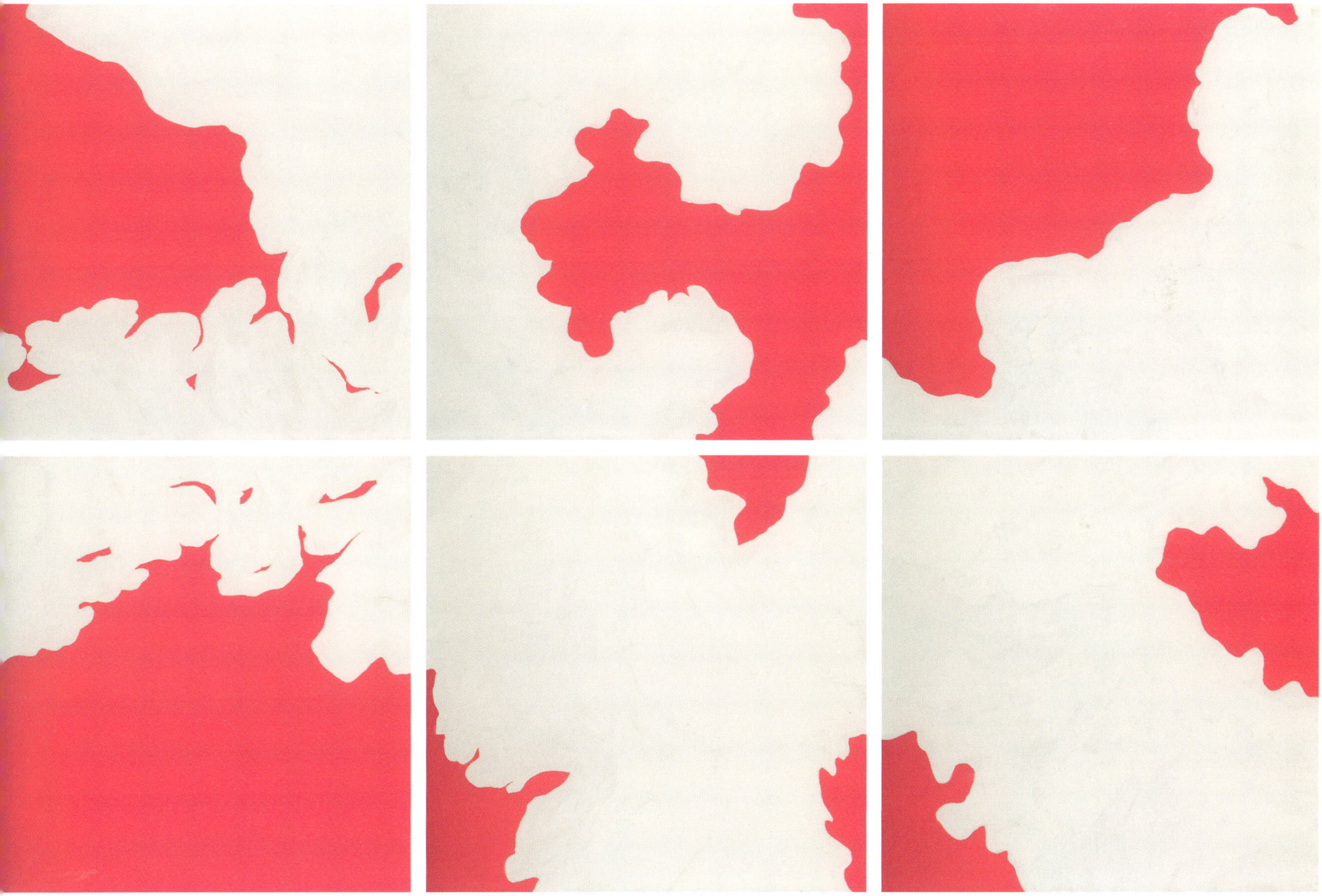

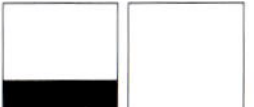

***Il cielo ritrovato I / The Rediscovered Sky I*, 2019** (dettagli / details)

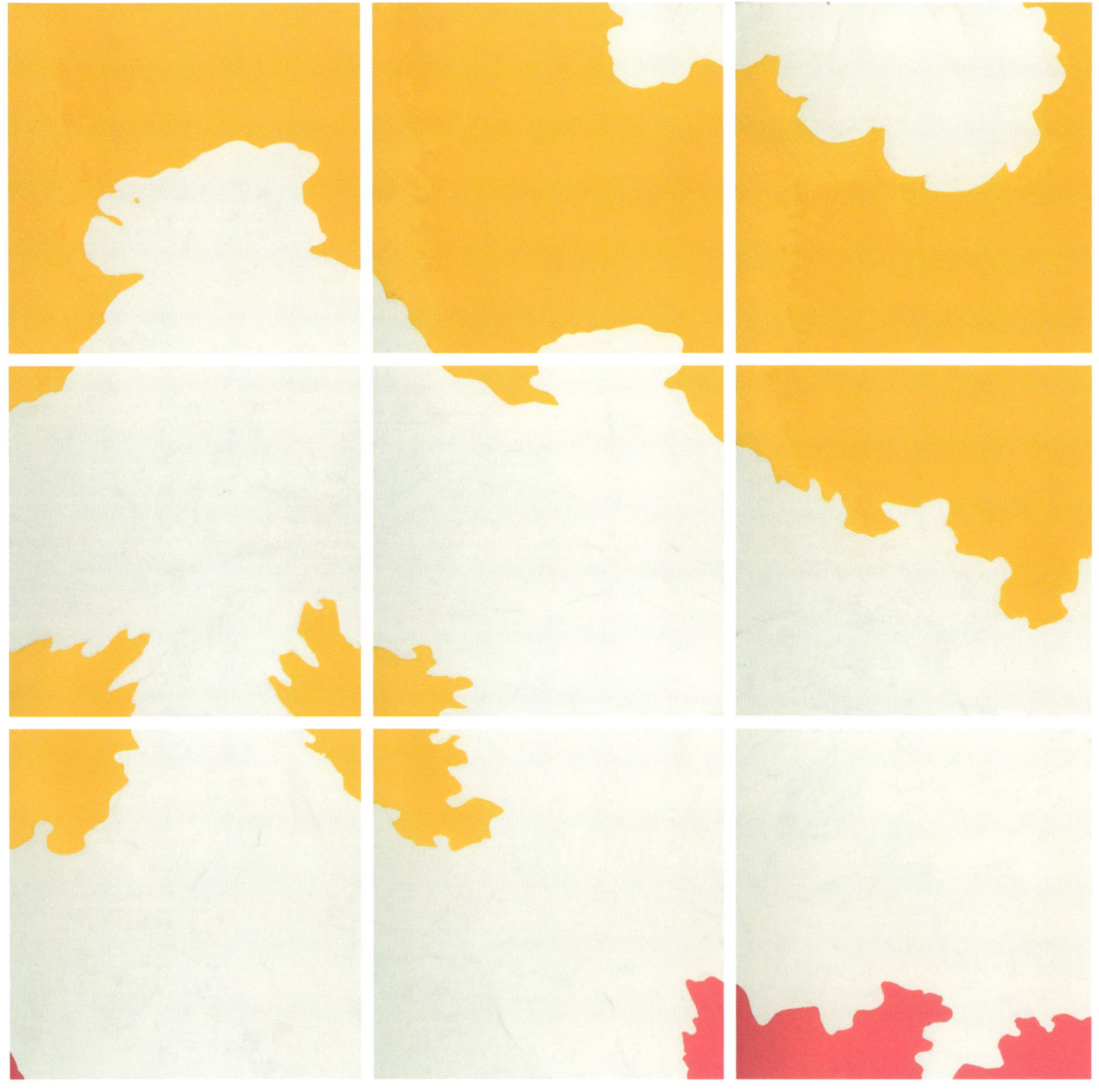

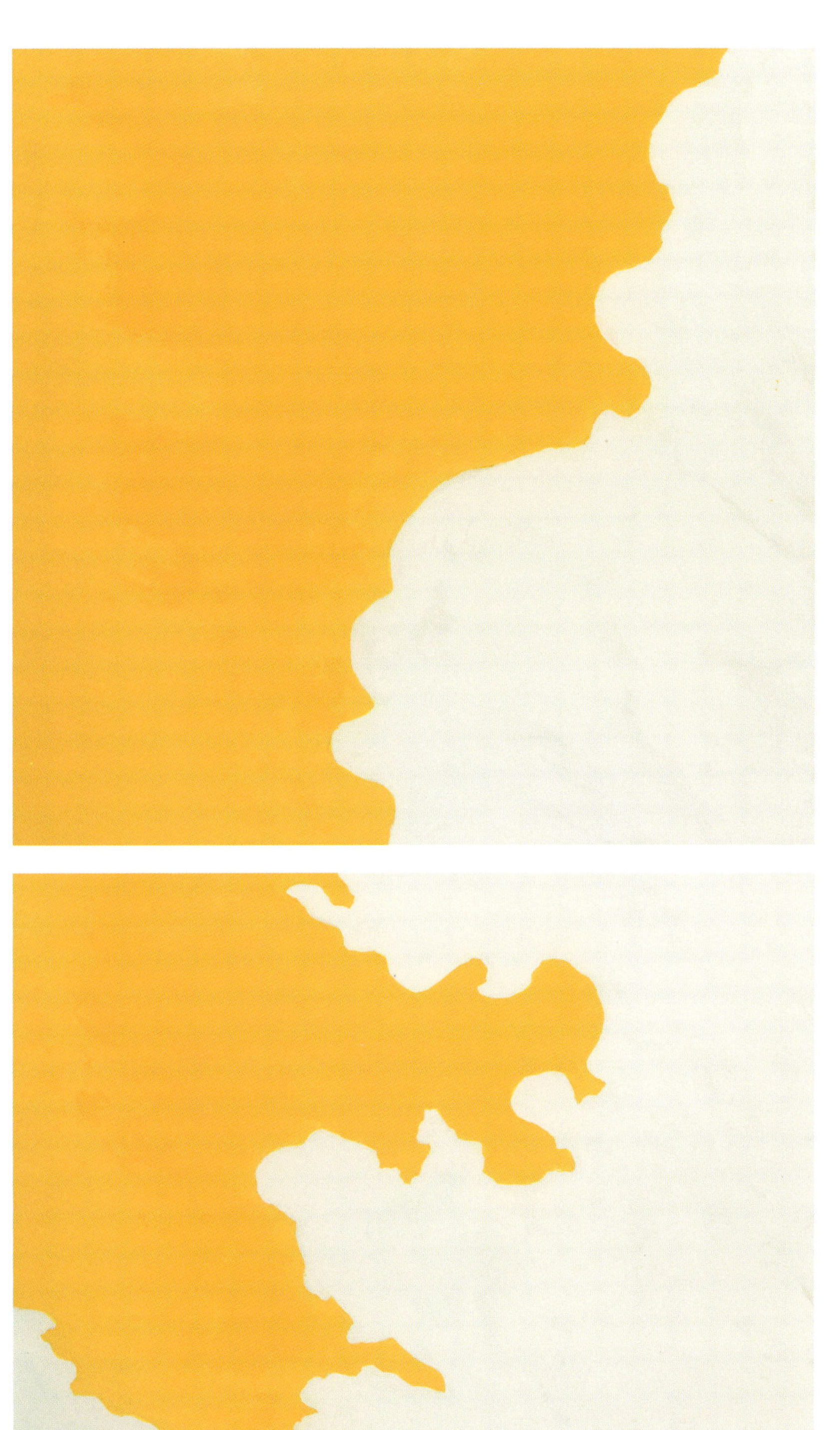

***Il cielo ritrovato I / The Rediscovered Sky I*, 2019** (dettagli / details)

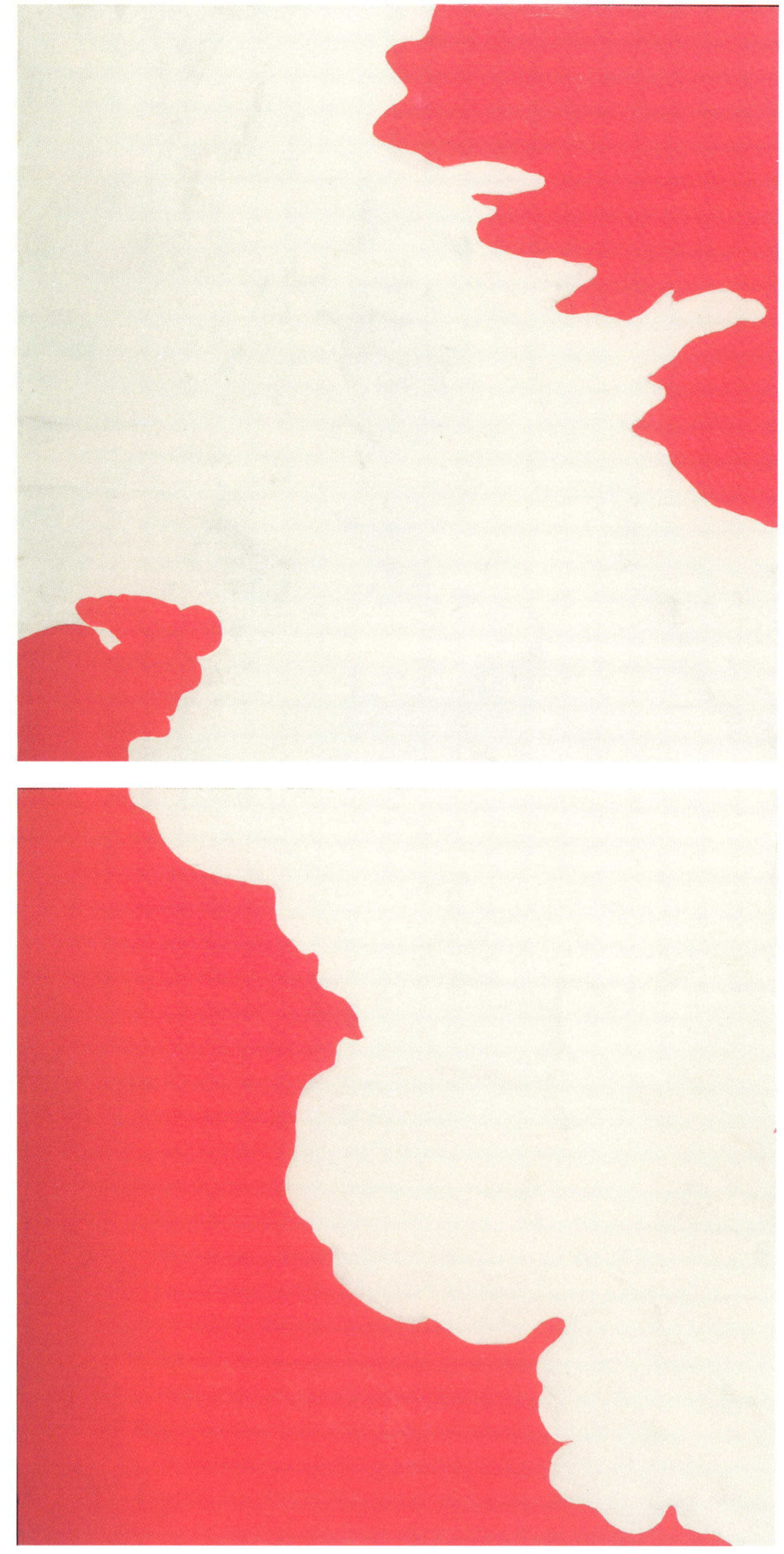

***Il cielo ritrovato I / The Rediscovered Sky I*, 2019** (dettaglio / detail)

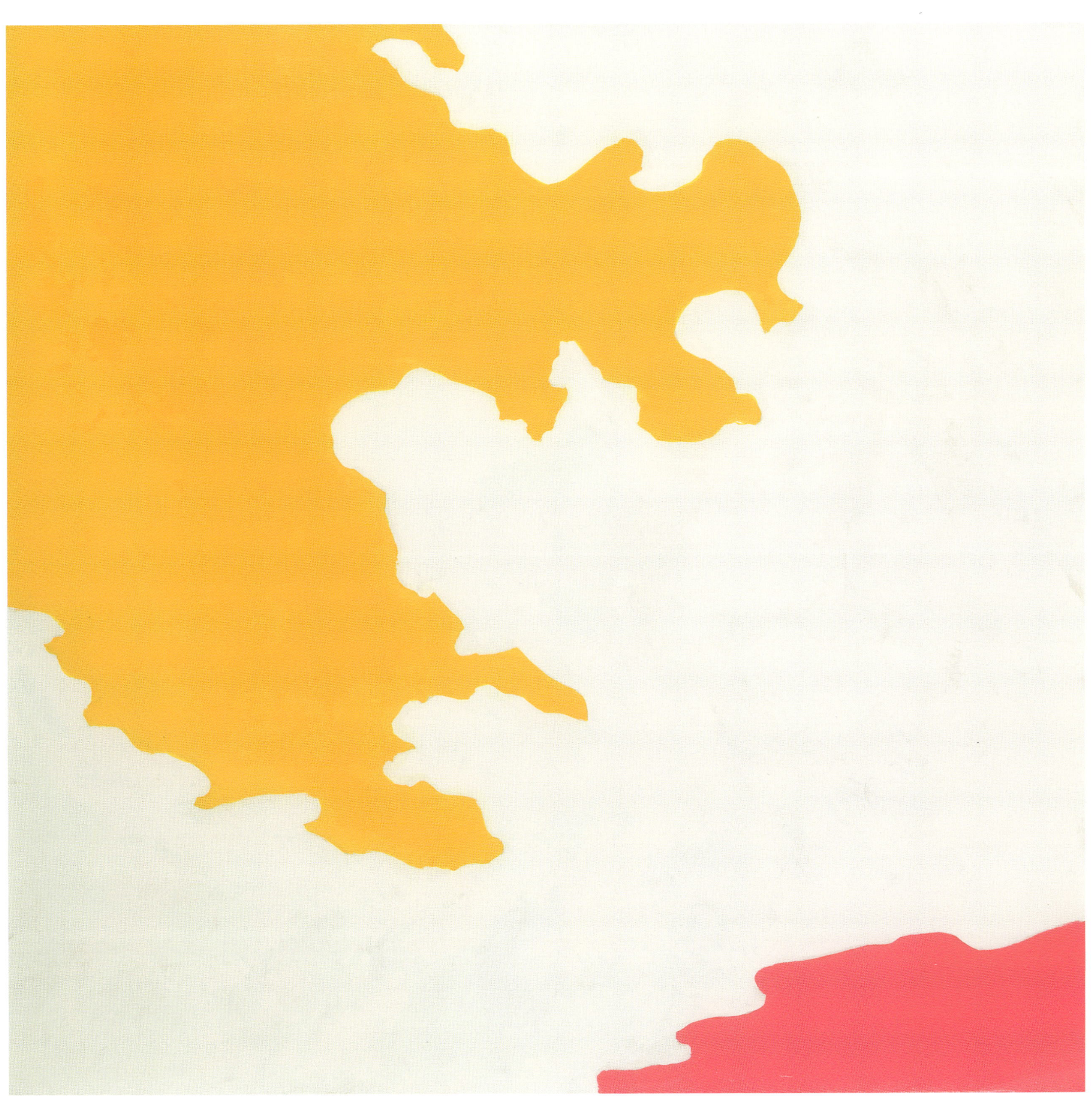

***Il cielo ritrovato II / The Rediscovered Sky II*, 2019**

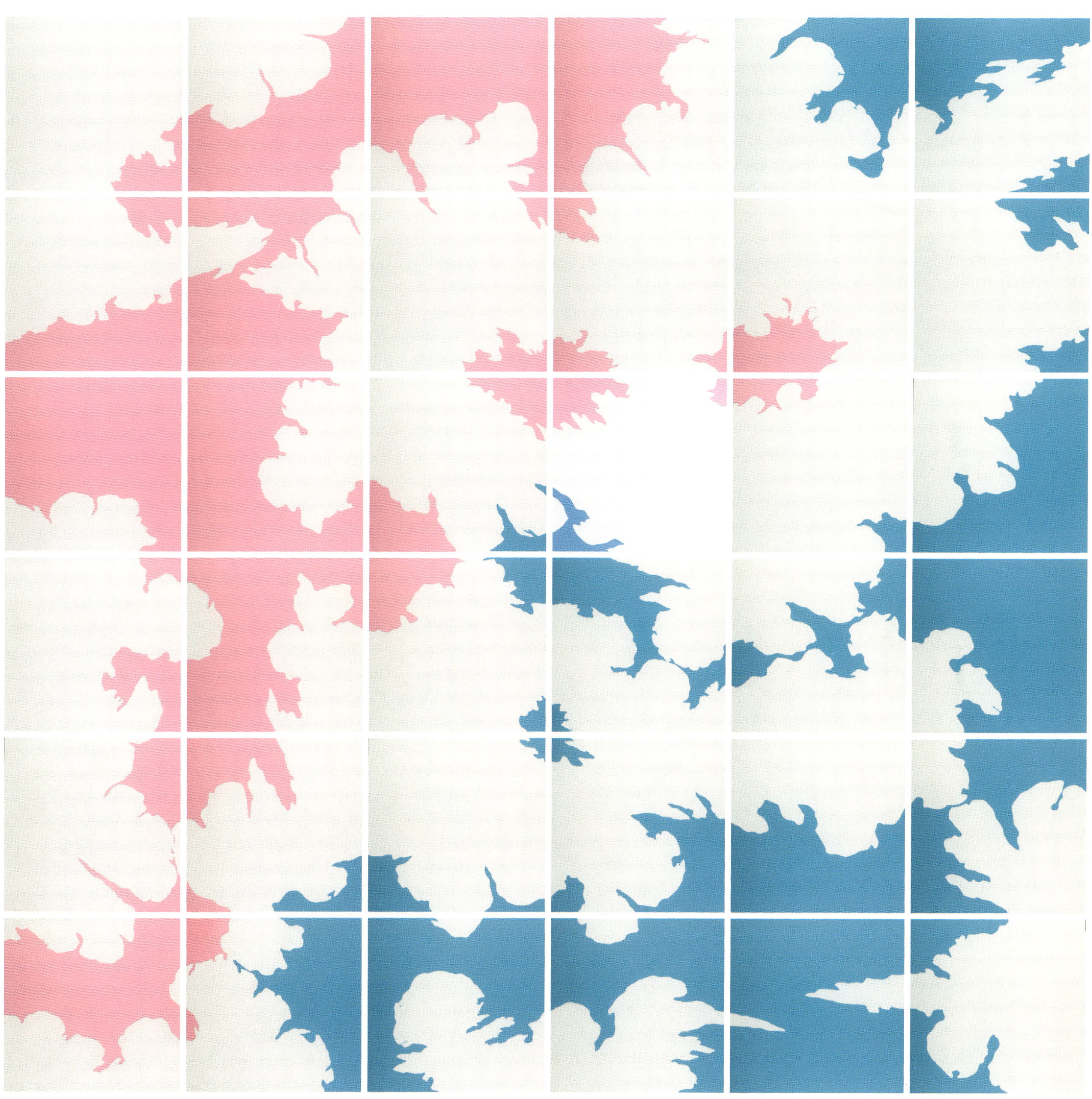

Il cielo ritrovato II / The Rediscovered Sky II, **2019** (dettagli / details)

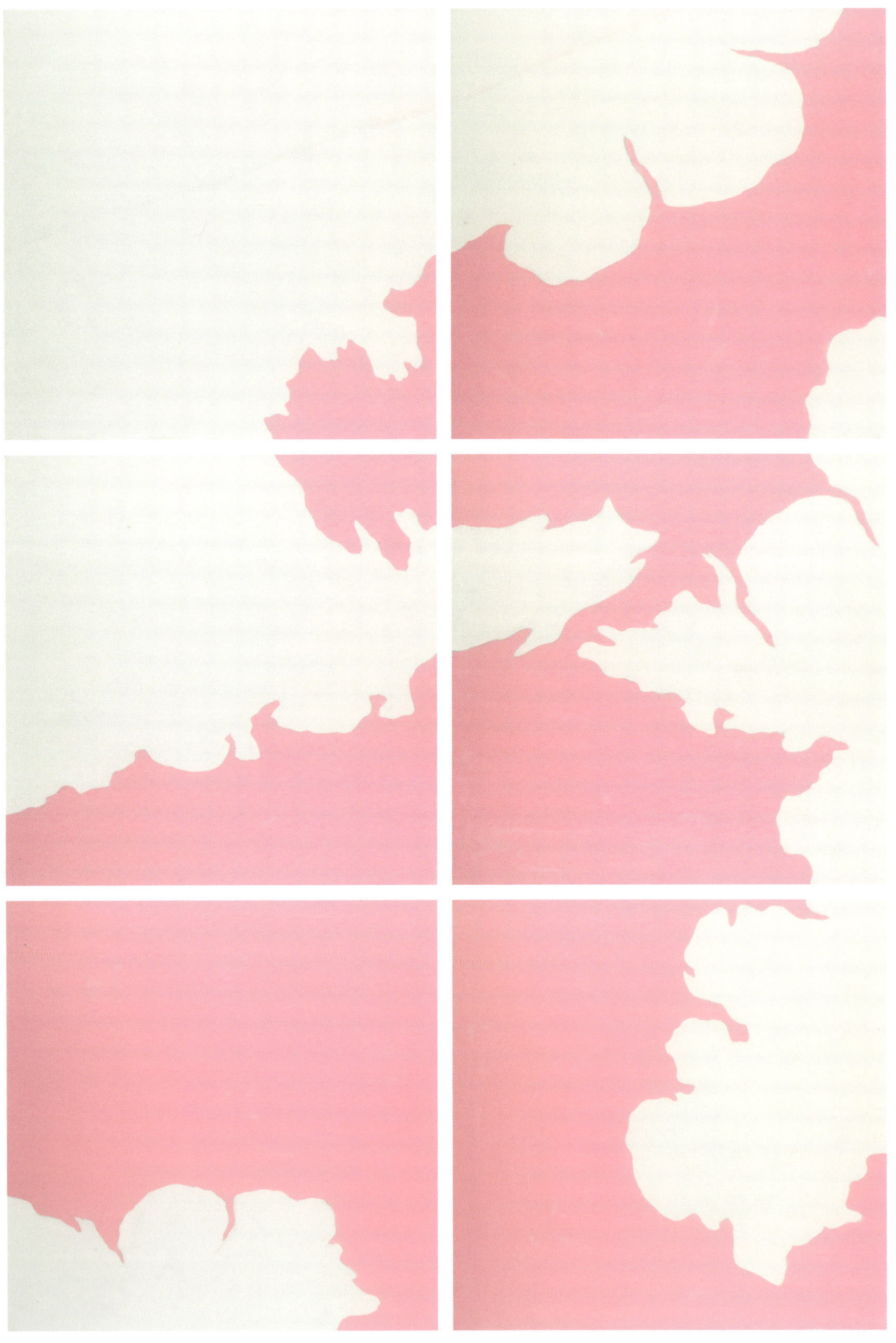

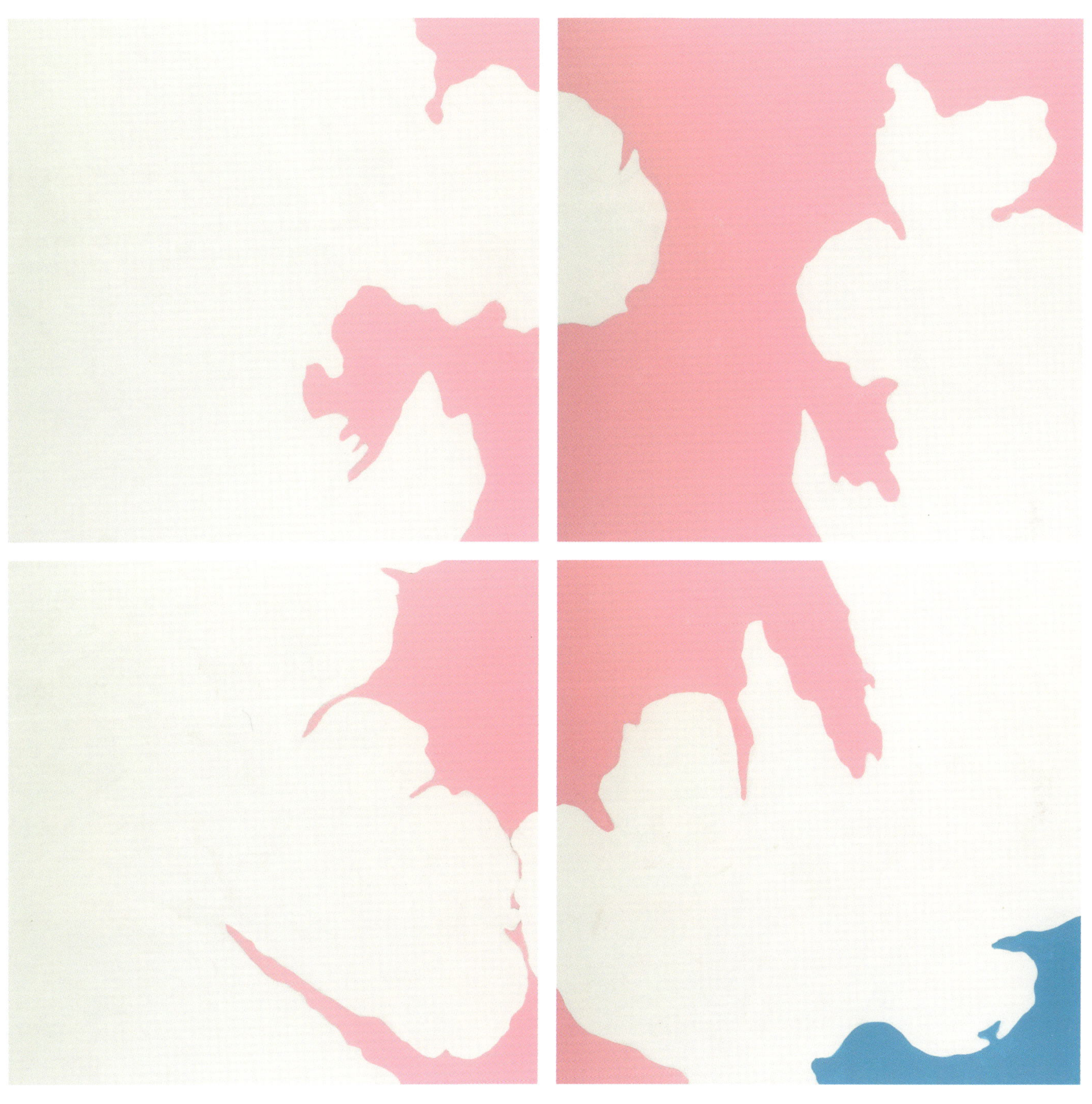

***Il cielo ritrovato II / The Rediscovered Sky II*, 2019** (dettagli / details)

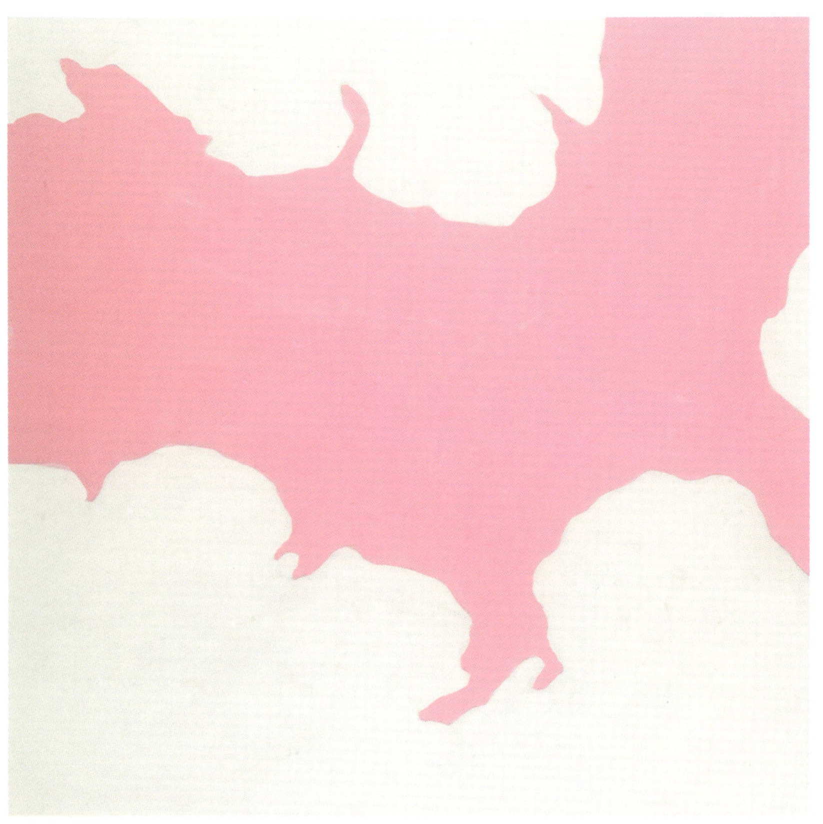

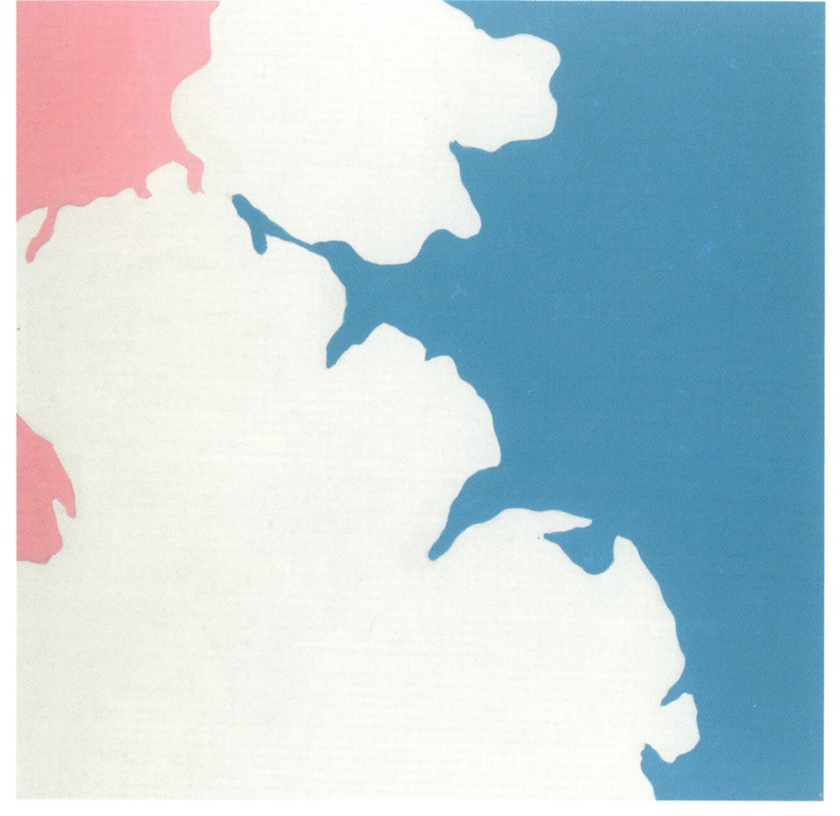

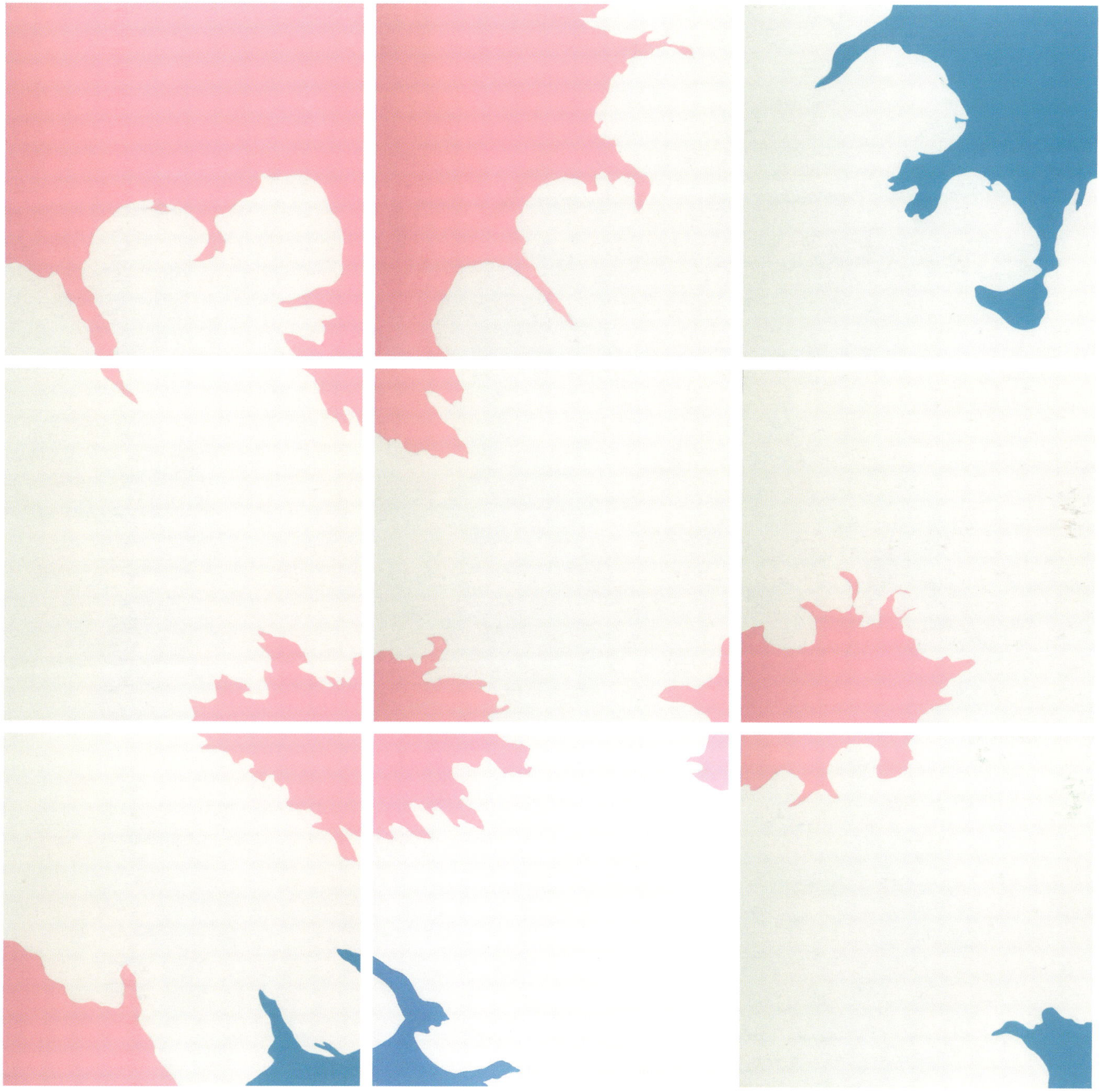

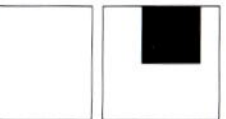

Il cielo ritrovato II / The Rediscovered Sky II, **2019** (dettaglio / detail)

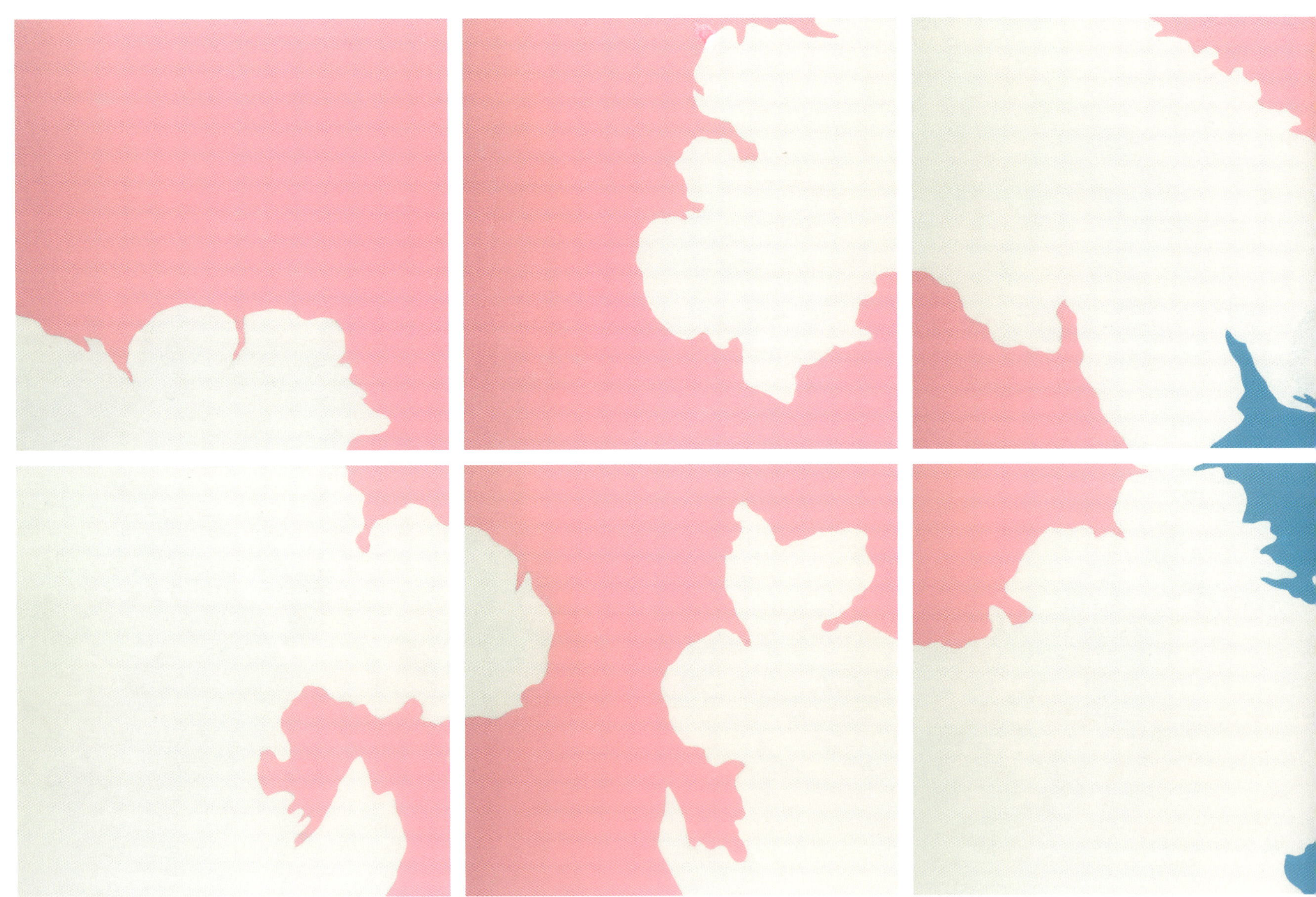

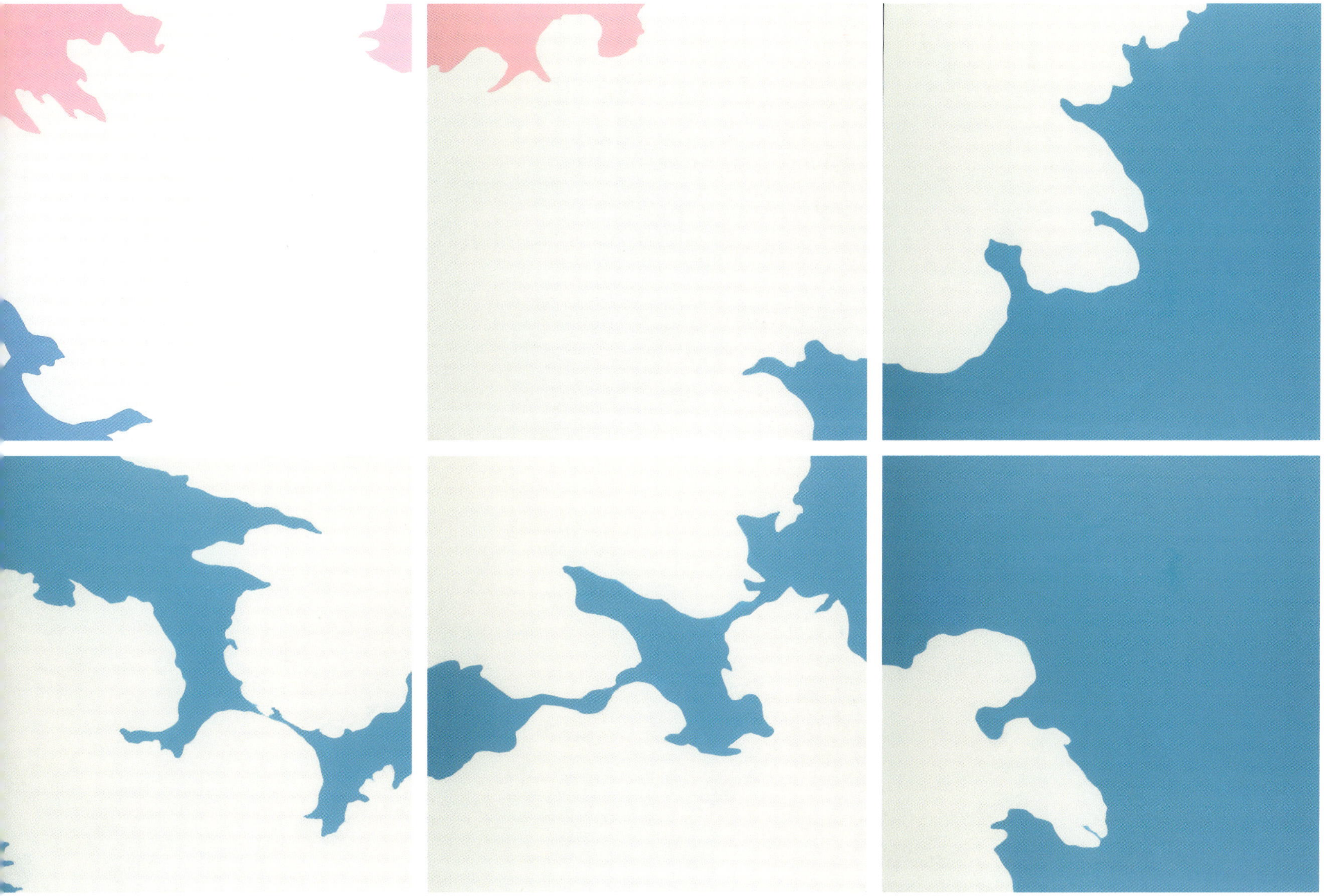

***Il cielo ritrovato II / The Rediscovered Sky II*, 2019** (dettagli / details)

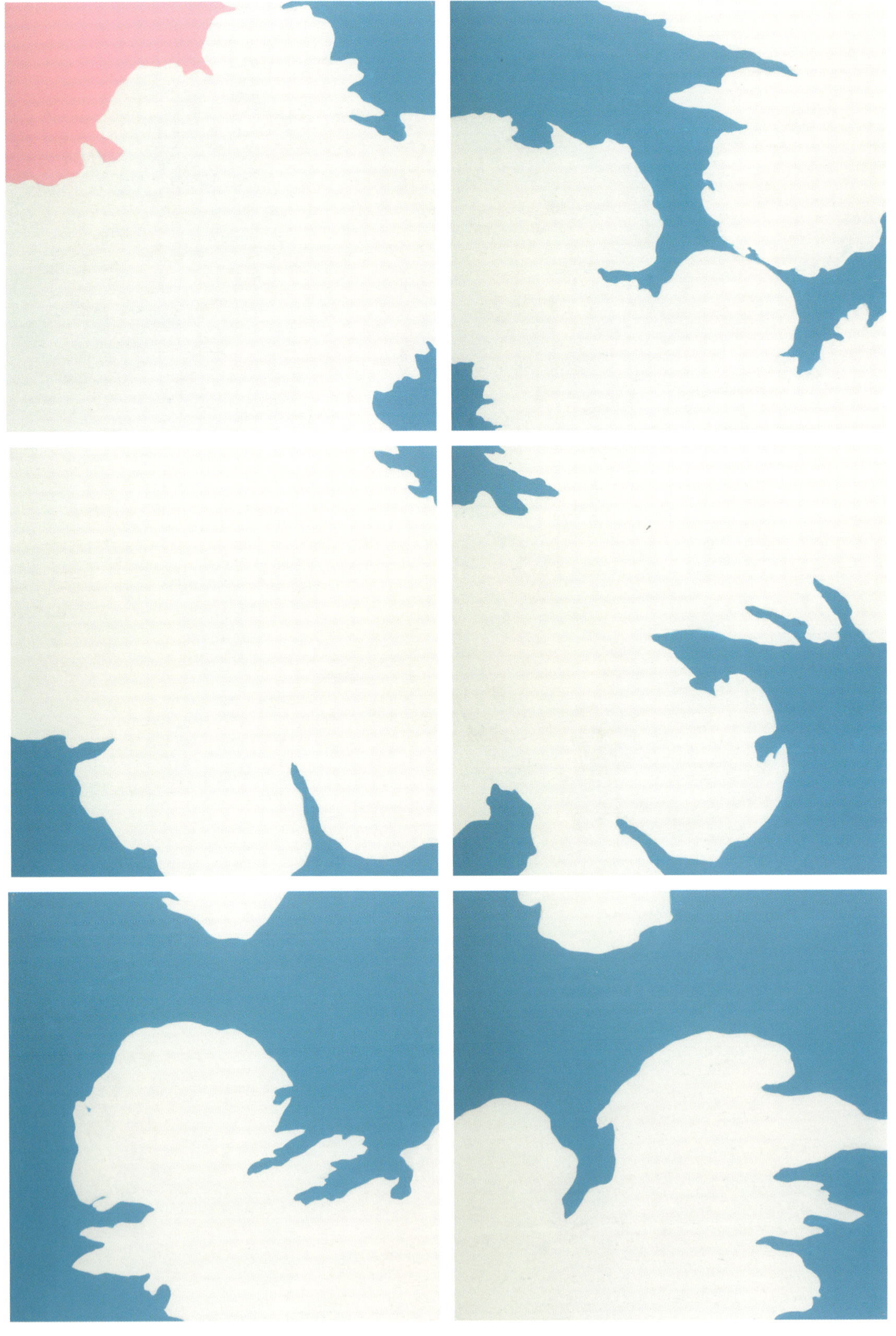

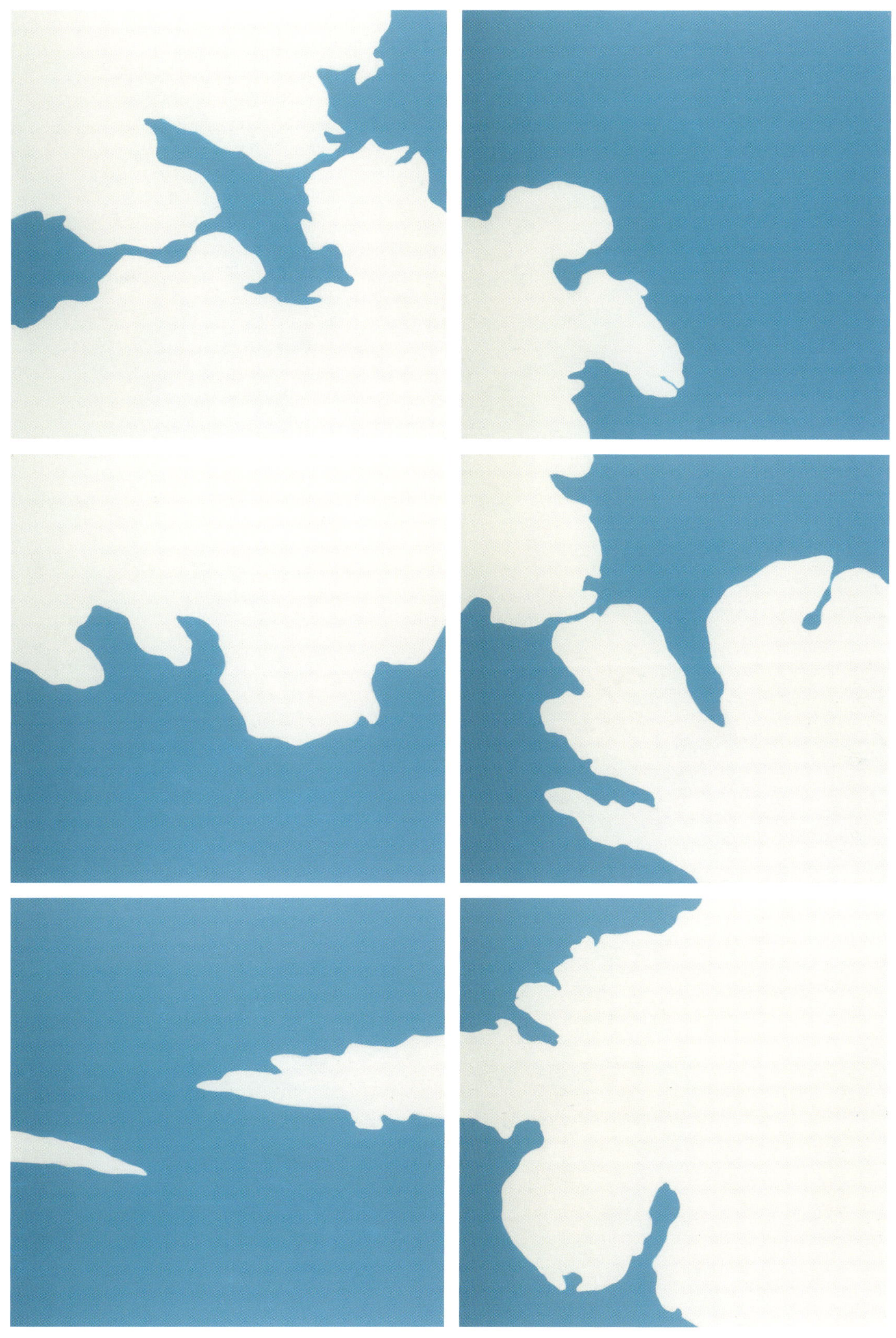

***Il cielo ritrovato II / The Rediscovered Sky II*, 2019** (dettaglio / detail)

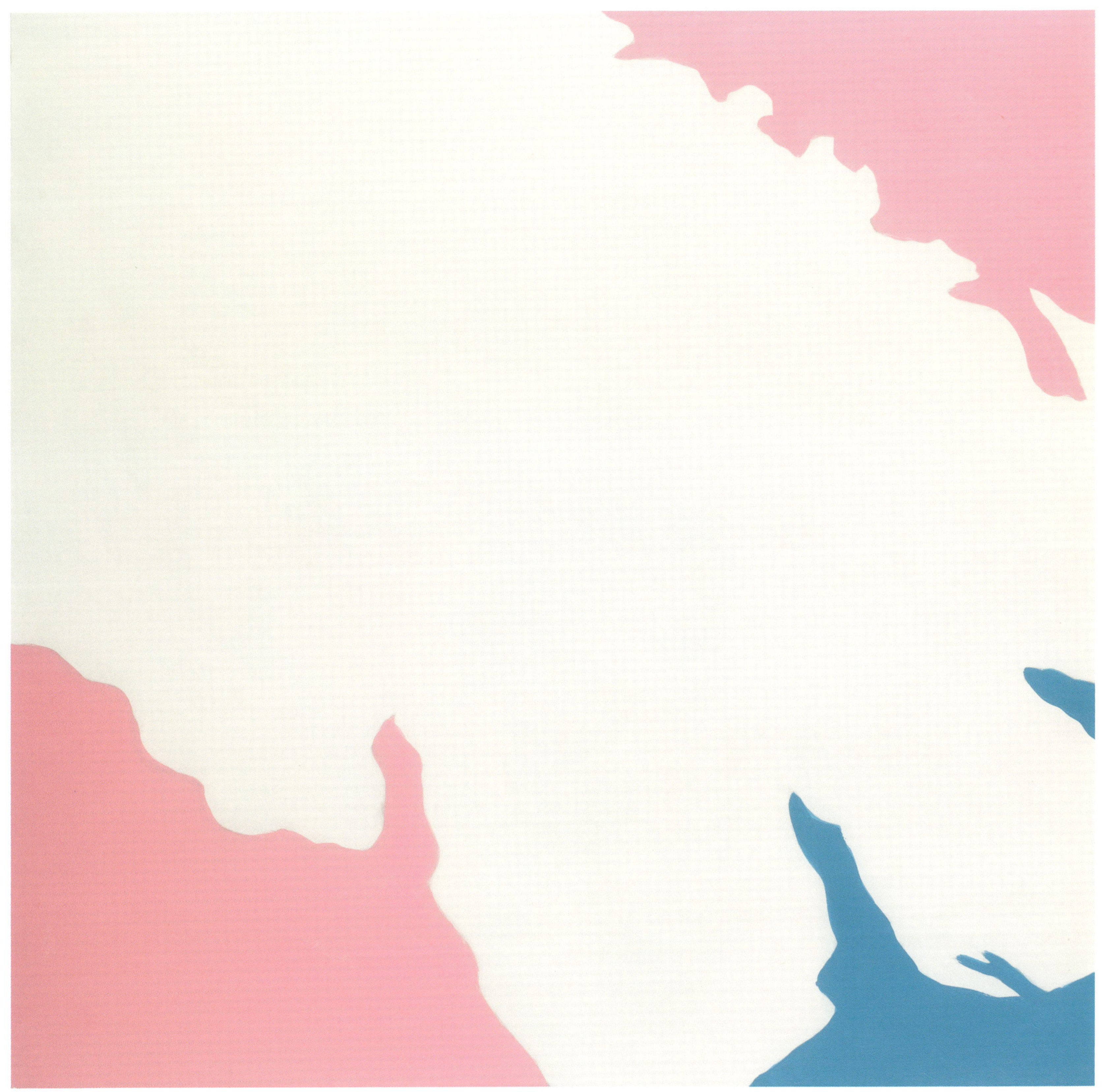

io e te stiamo insieme in questo viaggio!
E ti devo dire che la canzone che preferisco
in assoluto sono 'Gli Impermeabili' di Paolo Conte;
e così dicendo si aggiustò il nodo della cravatta.

Basilea 2019

Viaggiando su una BMW X4 rosso porpora, un avvocato risponde alle telefonate e si preoccupa dei suoi vestiti su misura che un sarto ha sbagliato a consegnare.

Non è un semplice avvocato ma un uomo e un artista, ha un impermeabile posto sul seggiolino posteriore. Silenziosamente guida e ogni tanto interviene, conversa perché è educato ma ha in mente una sola cosa: un cielo! Un enorme cielo che sta pitturando e che ho visto in studio prima di partire. Un cielo grande, più grande di lui e di quello che noi possiamo immaginare.

Ha in mente la vita!

E tu puoi solo assecondare il suo pensiero che è nell'aria come un filo elettrico scoperto. Io sono un artista, sembra dirti Roberto nel suo silenzio.

Lo so, per questo scrivo questo testo; rispondo mentalmente io.

L'anima non è sola, le persone si incontrano e decidono di stare insieme, magari farsi seppellire in una fossa comune per stare insieme per sempre. Ed io sento questo per Roberto, un amico, un artista, un avvocato, un cielo.

Prendiamo un pullman e andiamo via, tutto il resto è già poesia!

Inutile continuare a scrivere, sarebbe superfluo, questo lo lasciamo fare a chi di mestiere fa il curatore...

you and I are together on this journey!
And I must tell you that my favourite song of all time
is 'Gli Impermeabili' by Paolo Conte,
and as he spoke he adjusted the knot of his tie.

Basel 2019

Travelling in a purple-red BMW X4, a lawyer replies to phone calls and worries about his made-to-measure clothes that a tailor has failed to deliver.

He's not just a lawyer but a man and an artist; he has a raincoat lying on the back seat.

He drives in silence, occasionally speaking, conversing out of politeness, but really he has only one thing on his mind: a sky! An enormous sky he's painting and which I saw in his studio before leaving. A big sky, bigger than him and bigger than we can possibly imagine.

He has life in mind!

And all you can do is go along with his line of thought, which is in the air like a live electric wire. I'm an artist, Roberto seems to tell you in his silence.

I know, that's why I'm writing this, I answer mentally.

The soul is not alone, people meet and decide to stay together, perhaps to bury themselves in a mass grave in order to be together forever. This is what I feel for Roberto, a friend, an artist, a lawyer, a sky.

Let's take a bus and flee, everything else is just poetry!

It's pointless to continue writing, it would be superfluous, we'll leave it to those who are curators by profession...

Questo mare è pieno di voci e questo cielo è pieno di visioni.
Giovanni Pascoli

Non mi stanco mai di un cielo azzurro.
Vincent van Gogh

L'aria lassù tra le nuvole è molto pura e fine, frizzante e deliziosa. E perché non dovrebbe esserlo?
È la stessa che respirano gli angeli.
Mark Twain

Uomo non vidi che guardasse mai
Con sì intensa pupilla
La breve tenda azzurra
Che i prigionieri chiamano cielo.
Oscar Wilde

Cercate di conservare sempre un lembo di cielo sopra la vostra vita.
Marcel Proust

This sea is full of voices and this sky is full of visions.
Giovanni Pascoli

I never get tired of the blue sky.
Vincent van Gogh

The air up there among the clouds is very pure and fine, bracing and delicious. And why shouldn't it be?
It is the same the angels breathe.
Mark Twain

I never saw a man who looked
With such a wistful eye
Upon that little tent of blue
Which prisoners call the sky.
Oscar Wilde

Always try to keep a patch of sky above your life.
Marcel Proust

Noi non ci realizziamo mai. Siamo due abissi – un pozzo che fissa il cielo.
Fernando Pessoa

We never know self-realisation. We are two abysses – a well staring at the sky.
Fernando Pessoa

Nuvole di grandezza e forma diverse che arrivano, e se ne vanno, semplici ospiti di passaggio. Ciò che resta è soltanto il cielo, che è sempre lo stesso. Che è qualcosa che esiste, e al tempo stesso non esiste. Che ha una sostanza e al tempo stesso non ne ha.
Haruki Murakami

Clouds of all different sizes. They come and they go, while the sky remains the same sky always. The clouds are mere guests in the sky that pass away and vanish, leaving behind the sky.
Haruki Murakami

Sotto l'azzurro fitto del cielo qualche uccello di mare se ne va; né sosta mai:
perché tutte le immagini portano scritto "più in là".
Eugenio Montale

Under the dense blue of the sky a few seabirds go by; they never linger:
Because all the images bear the words: "further on".
Eugenio Montale

Castell'Anselmo, fine maggio 2019
Ai miei più grandi amori della vita F. C. e S. P.

Castell'Anselmo, end of May 2019
To the greatest loves of my life F. C. and S. P.

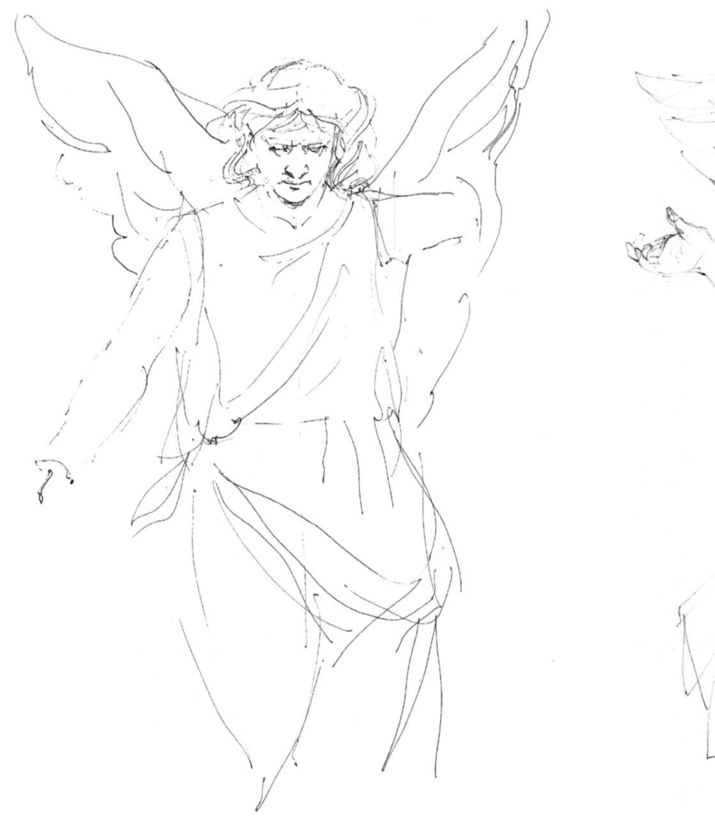

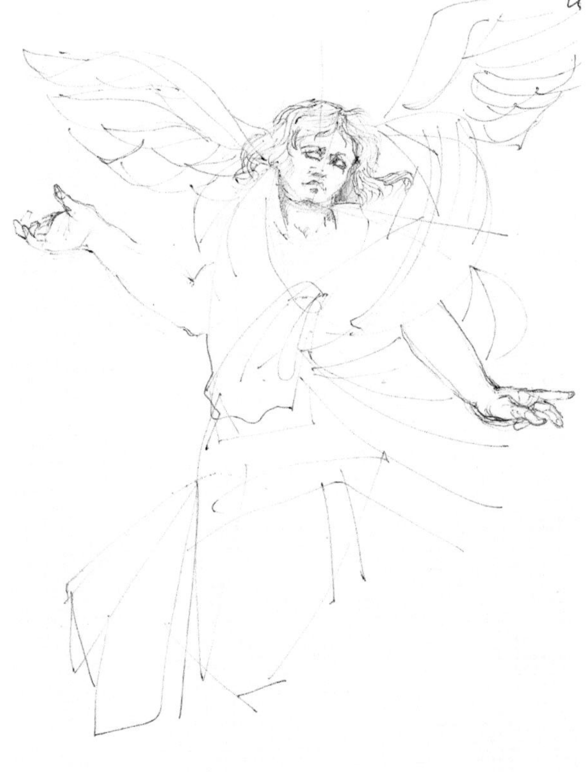

Michelangelo Consani
Angeli, 2019

Penna su carta
Pen on paper

Cielo Improvviso / Sudden Sky

Stampa Inkjet su carta
Hahnemühle 300 gr
Inkjet Print on
Hahnemühlepaper 300 gr

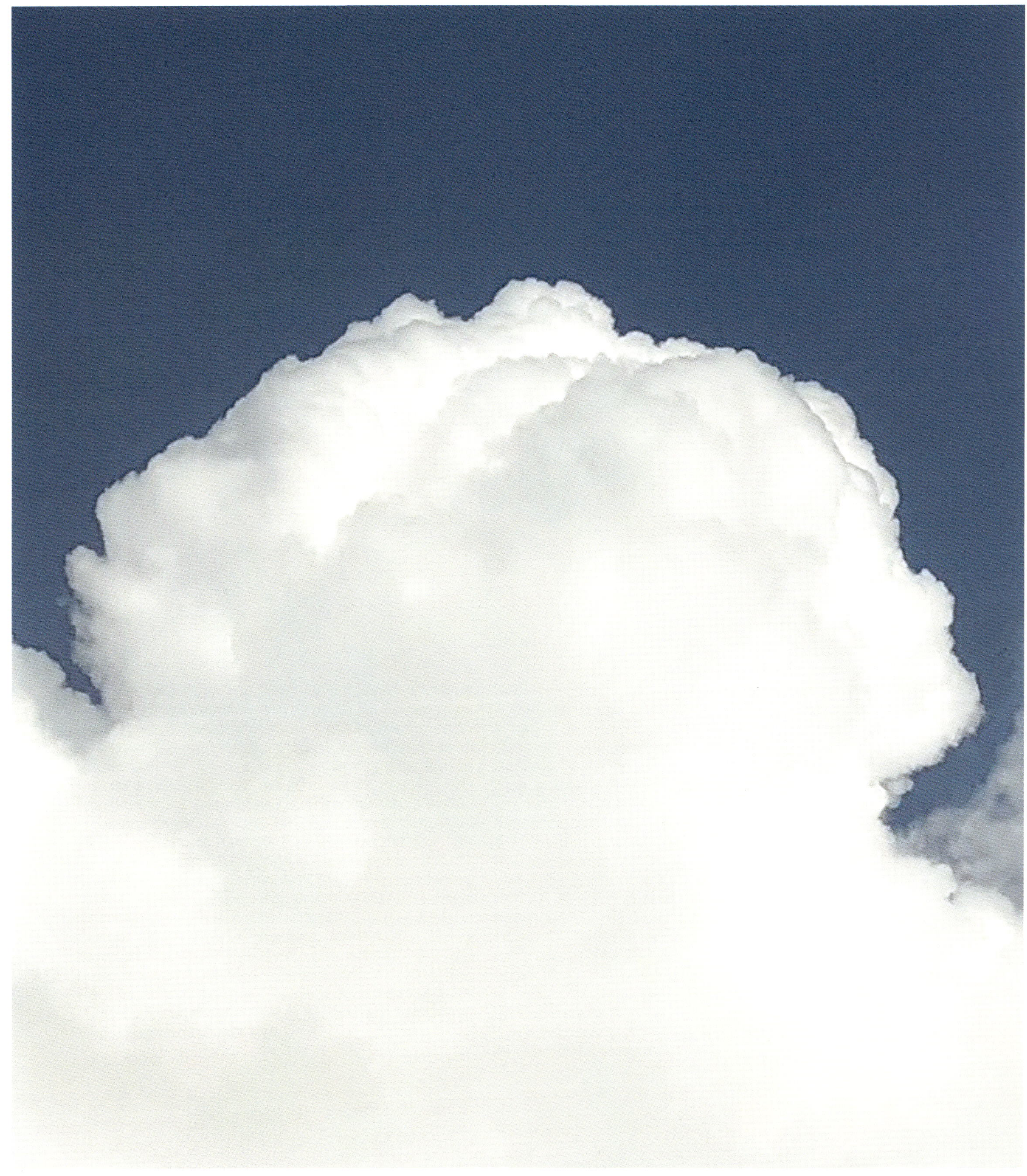

Esposizioni

Exhibitions

"Itinerari d'arte contemporanea"
A cura di Michele Greco
Museo d'Arte Contemporanea Calouste Gulbenkian
Lisbona, 1986

"Itinerari d'arte contemporanea"
Museo d'Arte Contemporanea Soares Dos Reis
Oporto, 1986

"Opere"
Casa della Cultura Italiana
Marsiglia, 1991

"Roberto Fanari. Opere 1993-1994"
A cura di Flaminio Gualdoni
Studio Oggetto
Milano, 1994

"Collettiva di arte contemporanea"
Reggia di Caserta
Caserta, 1996

"Roberto Fanari. Figure"
A cura di Mara Folini
Folini & De Giorgi Arte Contemporanea
Lugano, 1997

"Nella mia foresta (sono soli)"
A cura di Alessandro Romanini e Maurizio Vanni
Villa Bottini e Lu.C.C.A.
Lucca, 2013

"Un mare di nero"
A cura di Alessandro Romanini
Palazzo Panichi
Pietrasanta, 2013

"Nella mia foresta (Searching for Beauty)"
A cura di Pietro Bellasi e Alessandro Romanini
Deleen Art Gallery
Rotterdam, 2014

Installazione
Chiesa di Sant'Agostino
Pietrasanta, 2014

Mostra personale
Basel Scope
Basilea, 2014

Mostra personale
Raw Art
Rotterdam, 2014

"Hanging (laying) Landscape"
Fabbrica Del Vapore
Milano, 2015

Mostra personale
Biffi Arte
Piacenza, 2015

Installazione
Villa Erba
Cernobbio, 2015

Mostra personale
Rotterdam Contemporary Art
Rotterdam, 2016

Installazione
Trompemburg Tuinen & Arboretum
Rotterdam, 2016

"Il paesaggio dentro"
A cura di Maria Flora Giubilei e Raffaella Resch
Galleria d'arte Moderna di Genova - Musei di Nervi Genova, 2017

"Rose"
A cura di Maria Flora Giubilei e Raffaella Resch
Raccolte Frugone - Musei di Nervi
Genova, 2017

"Il passo sospeso"
A cura di Alessandro Romanini
Fondazione Ragghianti
Lucca, 2017

"Roberto Fanari. Il rumore delle nuvole"
A cura di Alessandro Romanini
Ponte de Sor Alentejo, Portogallo, 2018

Indice delle opere

Index of Artworks

p. 66
Tronco / Trunk, 2016
Ceramica invetriata
Glazed ceramic
68 × 85 × 122 cm

p. 68
Cielo – Simulacrum I / Sky – Simulacrum I, 2017
Ceramica invetriata
Glazed ceramic
ø 70 × 1,5 cm

p. 70
Cielo – Simulacrum II / Sky – Simulacrum II, 2017
Ceramica invetriata
Glazed ceramic
ø 70 × 1,5 cm

p. 72
Paesaggio invisibile / Hidden Landscape, 2014
Tecnica mista su tela
Mixed media on canvas
170 × 220 cm
(PI – 014)

p. 74
Paesaggio invisibile / Hidden Landscape, 2014
Tecnica mista su tela
Mixed media on canvas
170 × 220 cm
(PI – 011)

pp. 76-77
Paesaggio invisibile / Hidden Landscape, 2014
Tecnica mista su tela
Mixed media on canvas
165 × 240 cm
(PI – 013)

pp. 78-79
La forma del mio cielo / The Shape of my Sky, 2019
Matita e carboncino su avola preparata a gesso
Pencil and charcoal on primed plaster on wood
5 pannelli / 5 panels
170 × 500 cm
(170 × 100 cm cad / each)

pp. 80-81
Foglio di bronzo / Bronze Folio Nella mia foresta series / In my Forest Series, 2012
Bronzo
Bronze
102 × 133 cm
(FB – 017)

p. 82
Cielo – Simulacrum / Sky – Simulacrum, 2019
Tecnica mista su tela (trittico)
Mixed media on canvas (triptych)
156 × 77 cm
(52 × 77 cm cad / each)
(C-Aa 019)

p. 84
Colore puro / Pure Colour, 2019
Tecnica mista su tela (dittico)
Mixed media on canvas (diptych)
90 × 120 cm
(90 × 60 cm cad / each)
(C – Aa 024)

pp. 86-87
Colore puro / Pure Colour, 2019
Tecnica mista su tela (dittico)
Mixed media on canvas (diptych)
130 × 220 cm
(130 × 110 cm cad / each)
(C – Aa 021)

p. 88
Cielo – Simulacrum / Sky – Simulacrum, 2019
Tecnica mista su tela (trittico)
Mixed media on canvas (triptych)
270 × 125 cm
(90 × 125 cm cad / each)
(C – Aa 022)

p. 90
Colore puro / Pure Colour, 2019
Tecnica mista su tela (dittico)
Mixed media on canvas (diptych)
43 × 68 cm
(43 × 34 cm cad / each)
(C – Aa 023)

p. 92
Cielo – Simulacrum / Sky – Simulacrum, 2019
Tecnica mista su tela (trittico)
Mixed media on canvas (triptych)
43 × 102 cm
(43 × 34 cm cad / each)
(C – Aa 020)

pp. 94-95
Senza titolo / Untitled, 2017
Tecnica mista su tela (dittico)
mixed media on canvas (diptych)
68 × 160 cm
(68 × 80 cm cad / each)
(C–Aa 014)

p. 96
Il mio piccolo cielo / My Small Sky, 2017
Tecnica mista su tela
mixed media on canvas
32 × 40 cm
(C- Aa 001)

pp. 110, 112-122
Il cielo ritrovato I / The Rediscovered Sky I, 2019
Acrilico su tela (polittico)
Acrylic on canvas (poliptych)
1 pannello 6 × 6 m composto da 36 tele, 1 × 1 m cad
1 panel 6 × 6 m total of 36 canvases, 1 × 1 m each

pp. 111, 124-134
Il cielo ritrovato II / The Rediscovered Sky II, 2019
Acrilico su tela (polittico)
Acrylic on canvas (poliptych)
1 pannello 6 × 6 m composto da 36 tele, 1 × 1 m cad
1 panel 6 × 6 m total of 36 canvases, 1 × 1 m each

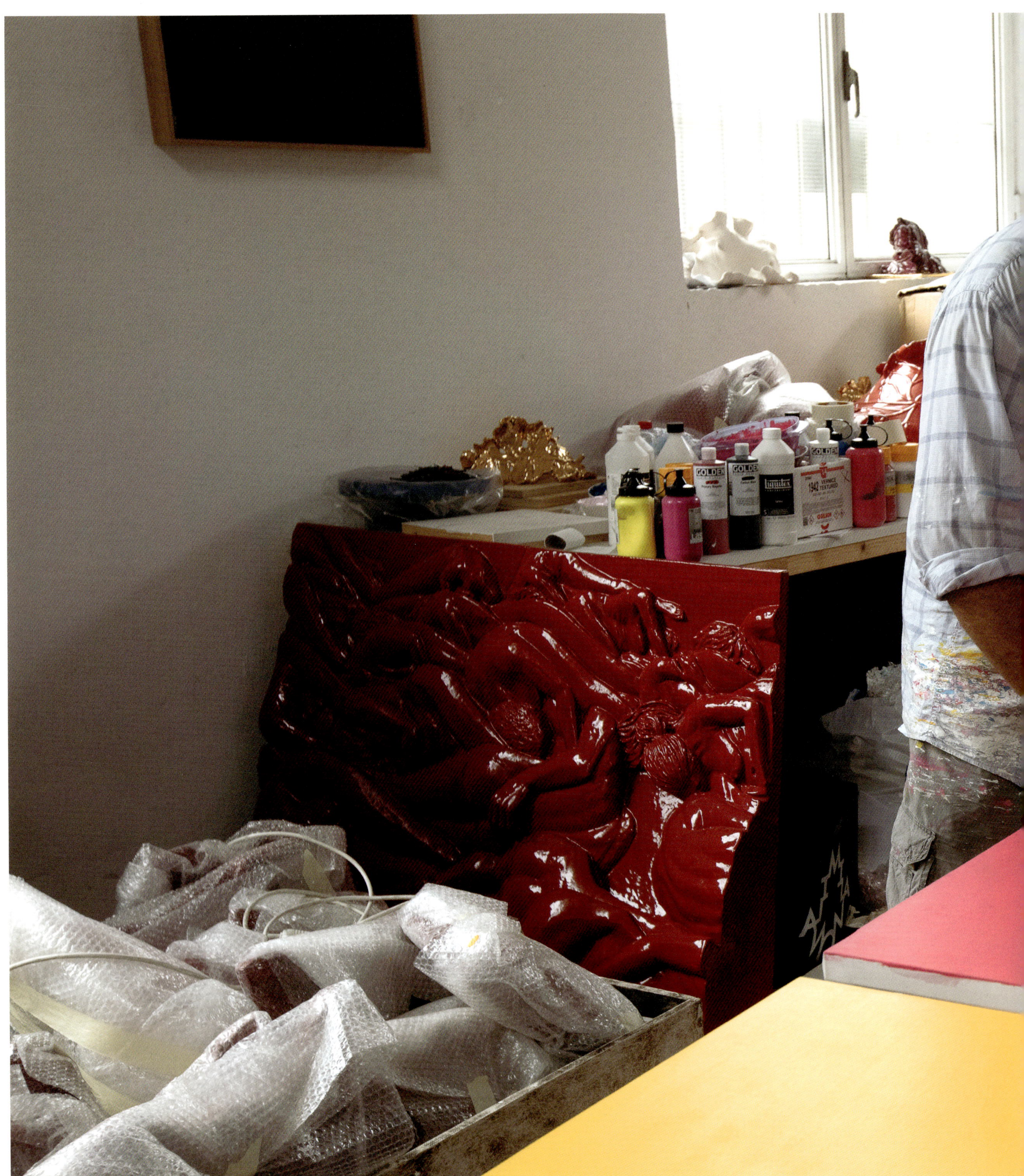
GOLDEN
GOLDEN
liquitex
GOLDEN
1942 VERNICE TEXTURED

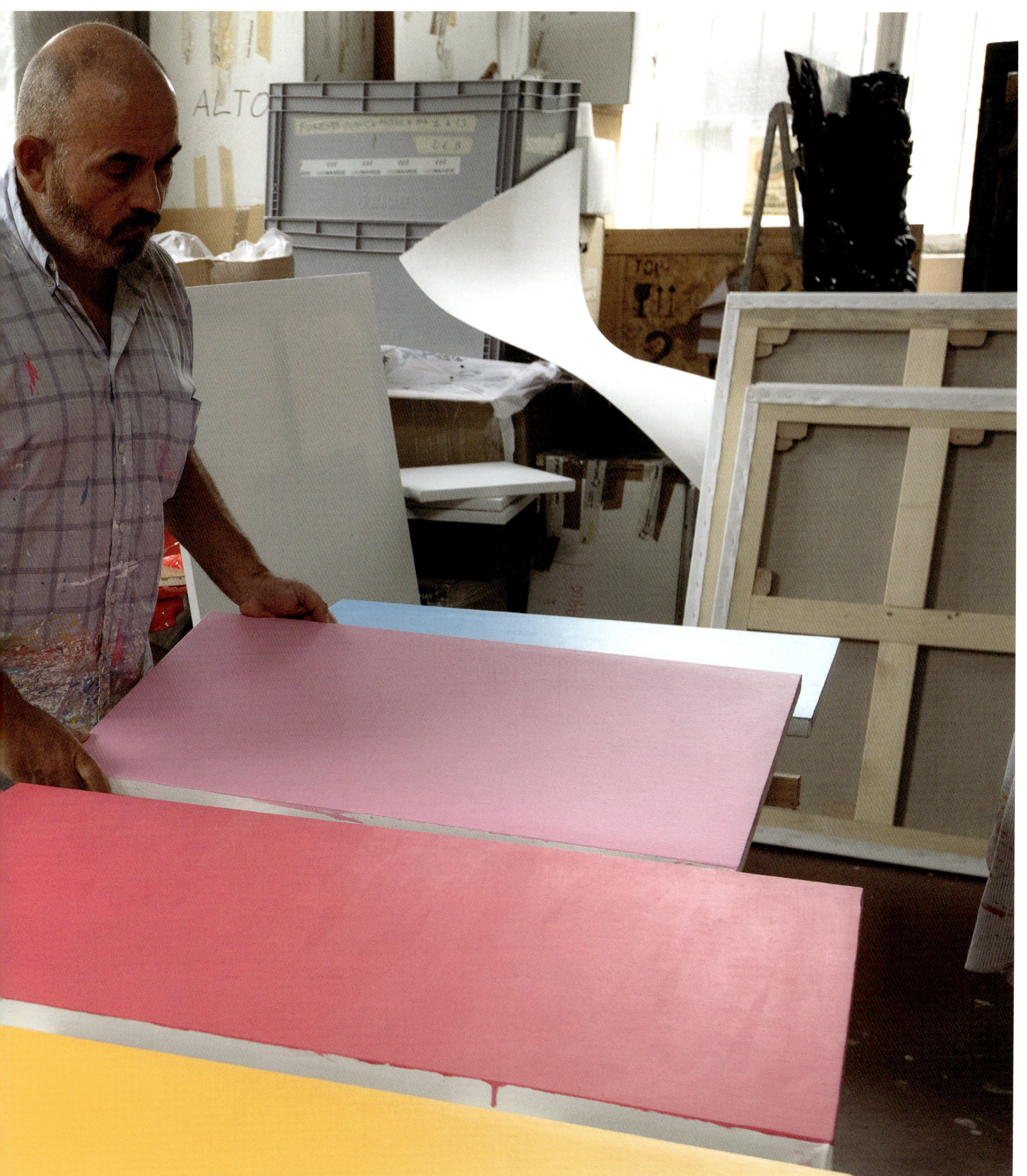
ALTO

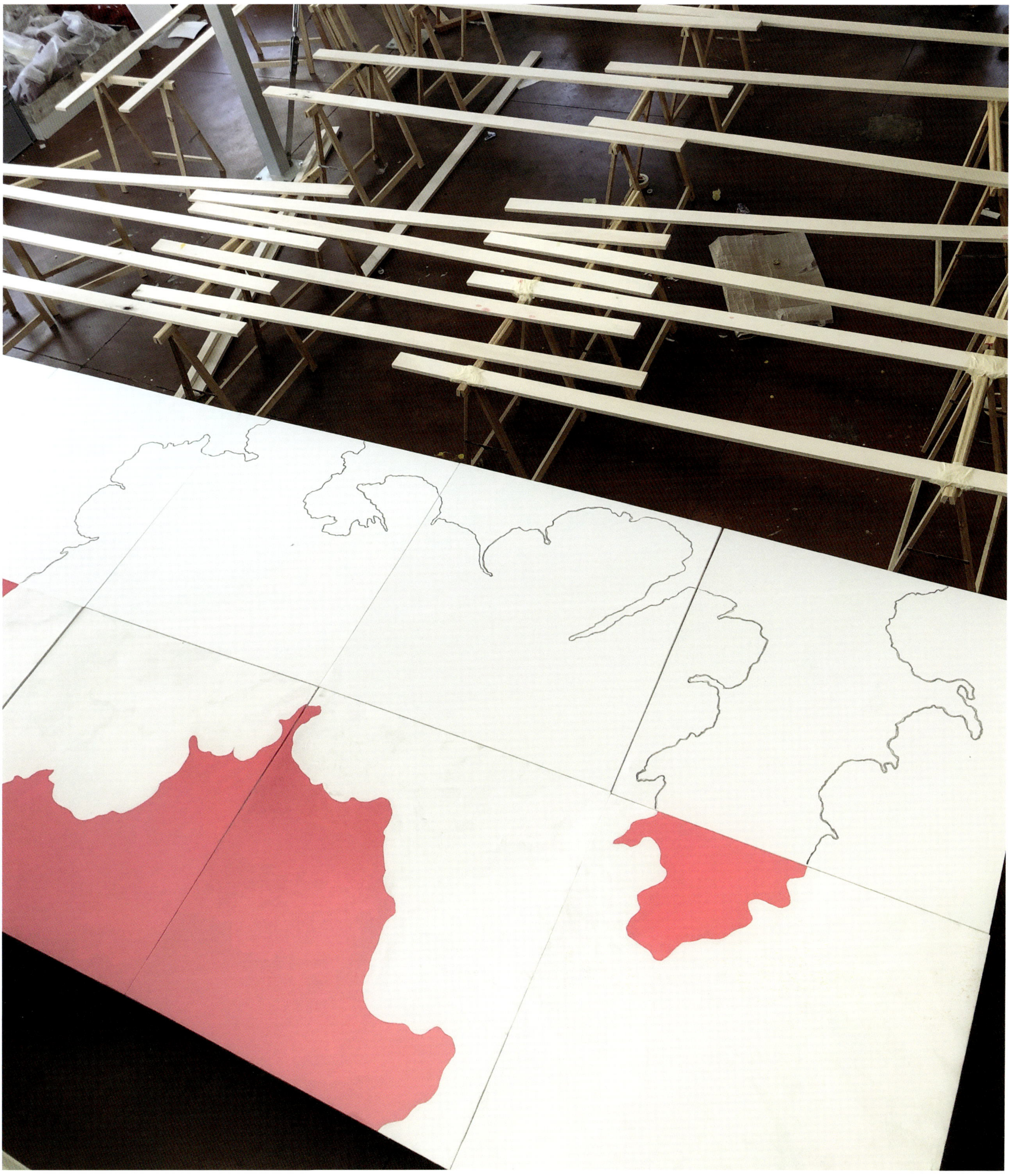

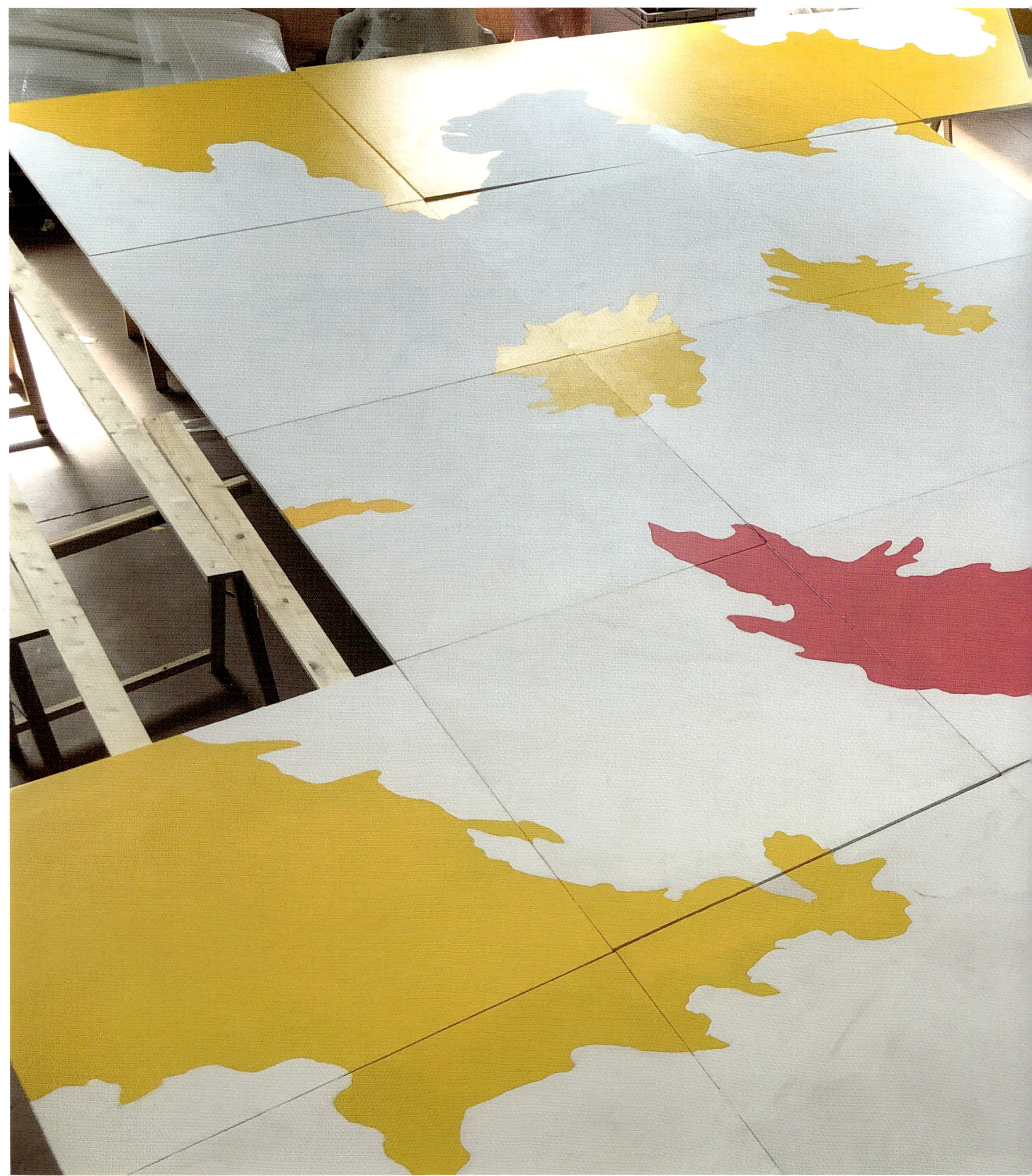

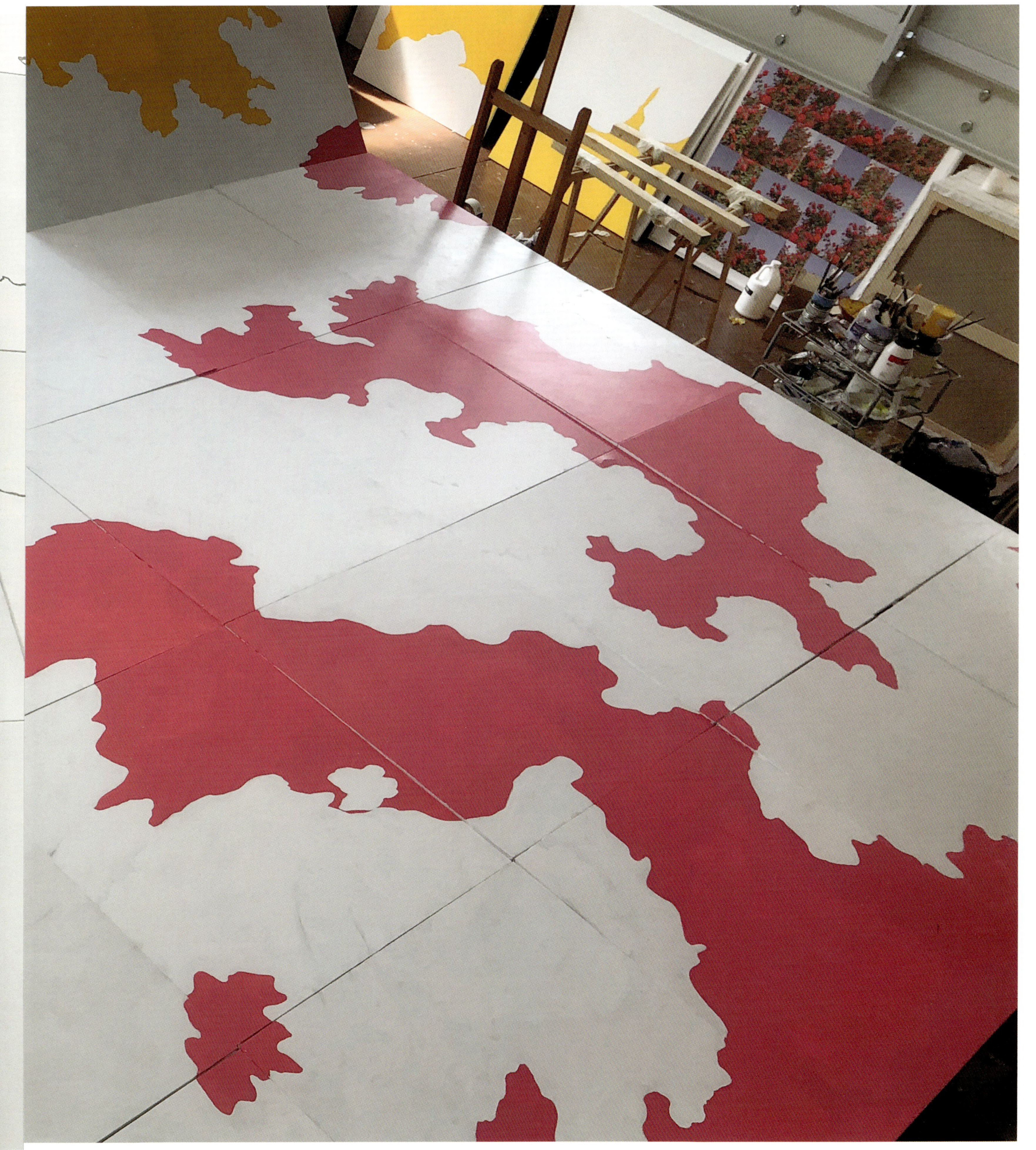

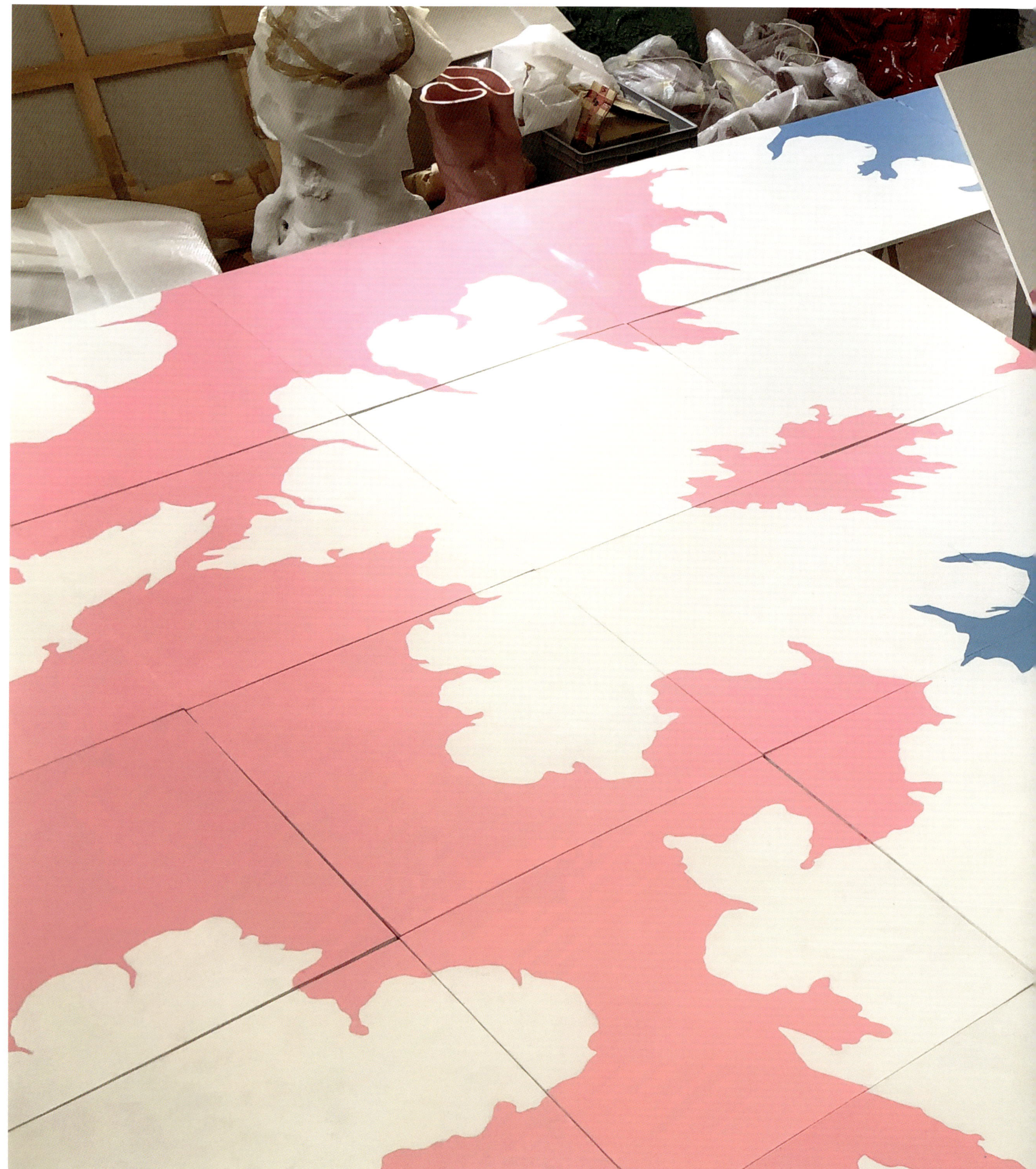

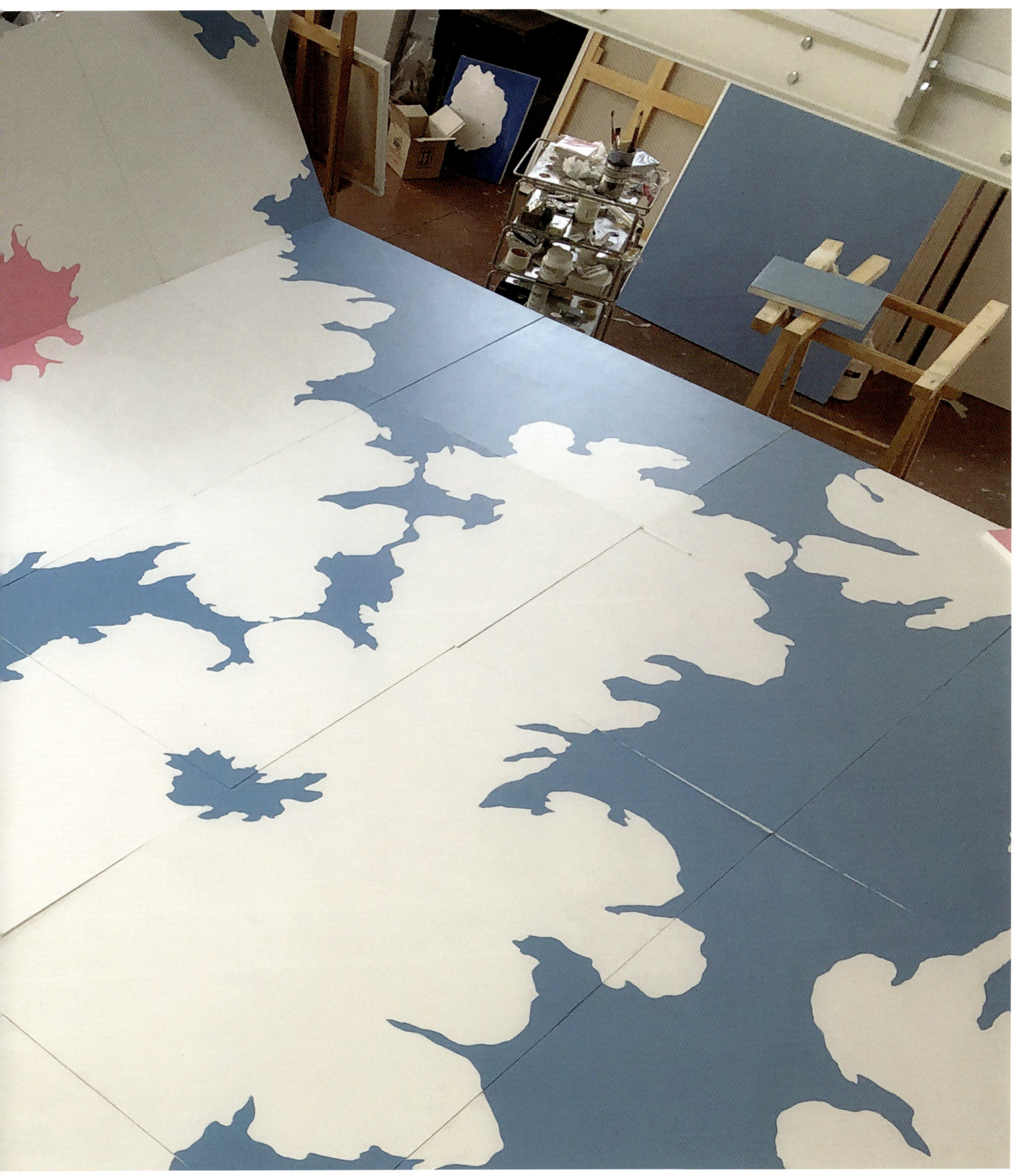

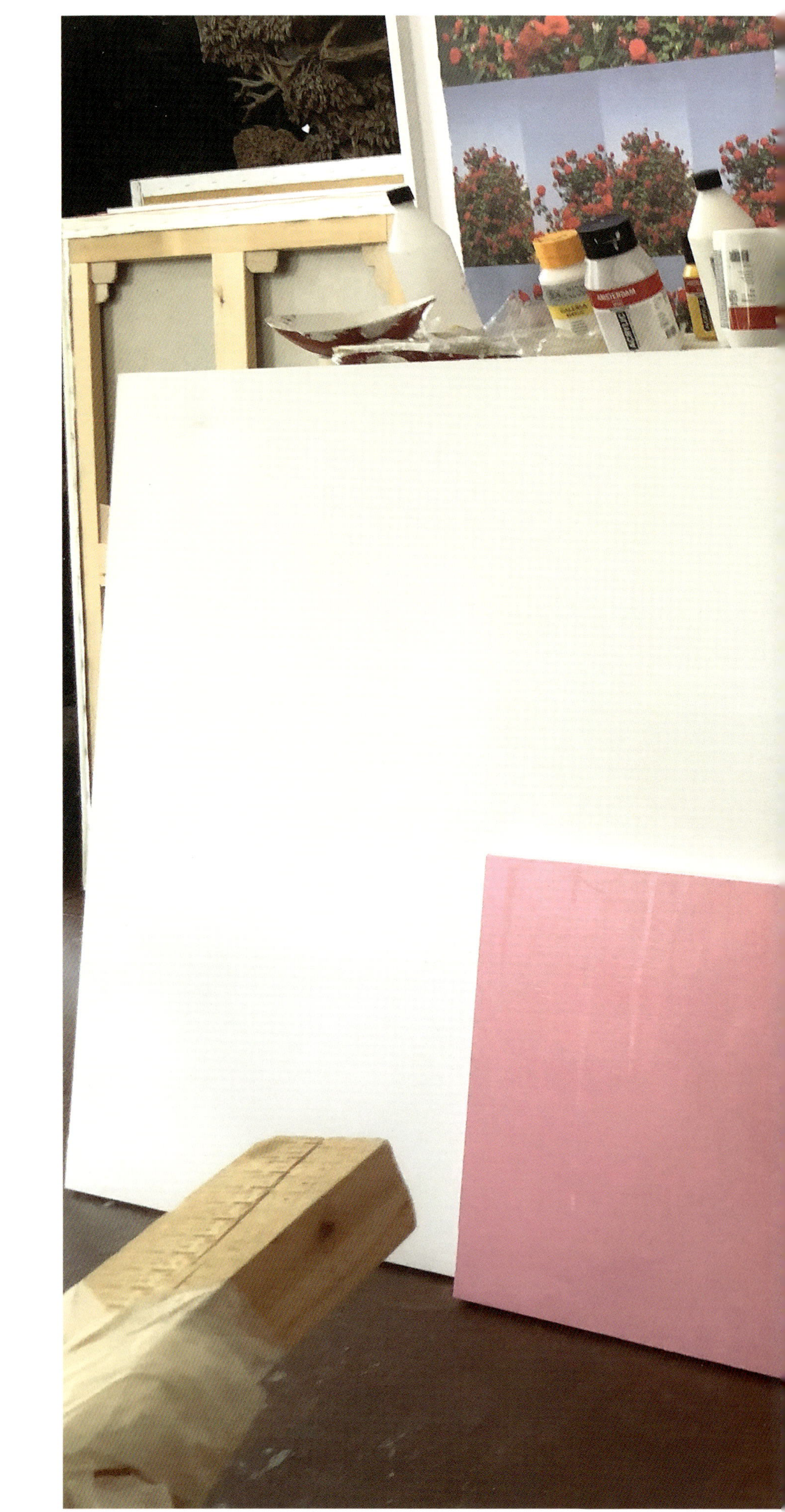

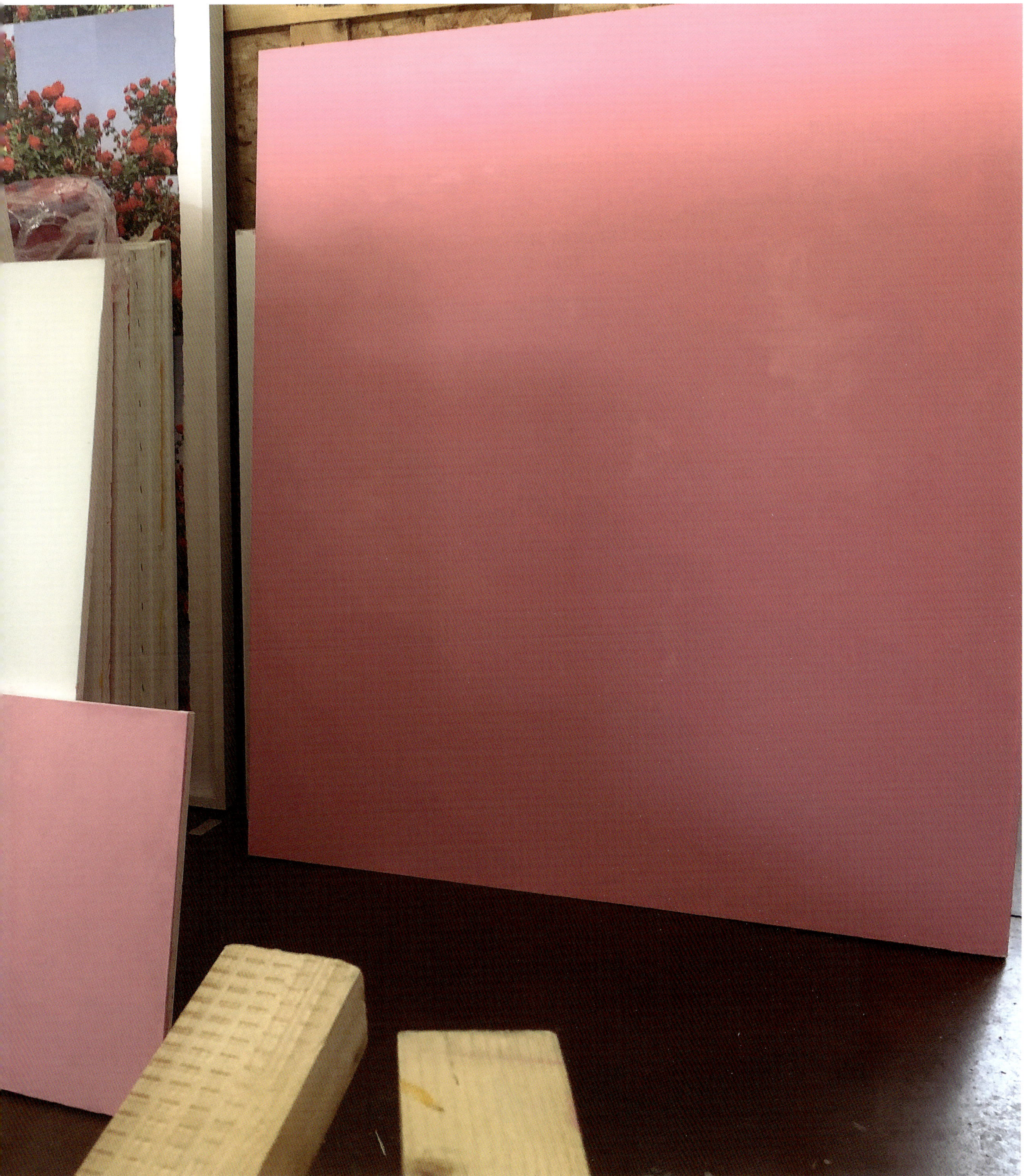

Fotolitografia / photolithography
LAB di Gallotti Giuseppe Fulvio, Firenze, Italia

Questo volume è stato stampato nel mese
di settembre 2019 da Lito Terrazzi, Italia
This volume was printed in September
2019 by Lito Terrazzi, Italy